KB109539

가족의 두 얼굴

지은이 **최광현**은 독일 본대학교에서 가족상담 전공으로 박사학위를 받고 루르Ruhr 가족치료센터에서 가족치료사로 활동했다. 현재는 한세대학교 상담대학원 가족상 담학과 주임교수로 재직 중이다. 그는 우리 마음에 생긴 가장 깊은 상처의 대부분이 가족과 연결되어 있다고 말한다. 우리가 삶에서 경험하는 불행, 낮은 자존감, 불편 한 인간관계 등의 뿌리가 가족 안에 있다고 보고 오랜 기간 가족 문제에 대해 연구했 다. 한국에 돌아와 수많은 가족의 아픔을 상담하며 트라우마 가족치료 보급에 힘썼 으며, 최근에는 상처 입은 사람들을 돕기 위해 내면아이 치유와 인형 치료에 매진하 고 있다. 저서로 《사람이 힘겨운 당신을 위한 관계의 심리학》《나는 내 편이라고 생 각했는데》《가족의 발견》《나는 남자를 버리고 싶다》 등이 있다. (선우가족놀이치료 센터 http://swfamilyplaytherapy.com)

가족의 두 얼굴(리커버)

2021년 4월 26일 개정판 1쇄 발행 | 2024년 4월 15일 개정판 9쇄 발행

지은이 최광현
펴낸곳 부키(주) | 펴낸이 박윤우
등록일 2012년 9월 27일 | 등록번호 제312-2012-000045호
주소 서울시 마포구 양화로 125 경남관광빌딩 7층
전화 02) 325-0846 | 팩스 02) 325-0841
홈페이지 www.bookie.co.kr | 이메일 webmaster@bookie.co.kr
제작대행 올인피앤비 bobys1@nate.com
ISBN 978-89-6051-863-6 03180

사랑하지만
상처도 주고받는
나와 가족의
심리
테라피

최광현
지음

# 가족의
# 두 얼굴

*Two faces of my family*

부·키

# 가족 문제는
# 1+1이다

가족은 어머니 품속처럼 언제든 돌아갈 수 있는 아늑한 둥지, 아무 조건 없이 나를 사랑해 주는 곳이라고 하지만 과연 오늘날 이런 가족이 얼마나 될까. 가족이라고 하면 편안한 안식처보다 벗어날 수 없는 굴레를 먼저 떠올리는 사람들이 늘고 있다. 가족은 나의 힘이 되기도 하고 짐이 되기도 하며, 친밀함 뒤에 미묘한 갈등이 숨어 있기도 하고, 한없이 사랑하다가도 한없이 미워지기도 한다. 가족은 이처럼 두 얼굴을 지니고 있다.

가족상담을 오래 하다 보니 나는 따뜻함보다는 가족으로부터 비롯된 슬픔과 아픔, 피해의식과 트라우마를 지닌 이들을 훨씬 더 많이 만난다. 나는 독일에서 가족상담에 대해 공부하고 가족치료사로 일했다. 2002년 여름 귀국한 뒤로는 대학에서 가족심리학을 가르치면서 가족상담 활동을 병행해 왔다. 이런 경험 때문에 한국은 물론 유럽 여러 나라의 수많은 가족들이 안고 있는 아픔을 접하면서 서로 아끼고 보듬고 사랑을 키워야 할 가정이 잘못하면 오히려 불행의 싹을 자라게 하는 인큐베이터가 될 수도 있음을 알았다.

건강하고 행복한 가족은 단지 의지만으로 되는 문제가 아니다. 의지만 있는 가족은 오히려 가족 구성원을 더욱 부담스럽게 하고 힘들게 할 수도 있다. 에리히 프롬Erich Fromm이 사랑에도 기술이 필요하다고 했던가. 건강하고 행복한 가족이 되기위해서도 배워야 한다.

결혼생활이 힘들고 어려운 사람들에게는 일정한 특징이 있다. 대형 마트에 가면 1+1 행사 물건이 많다. 하나를 사면 하나를 더 준다는 마케팅인데 힘든 부부와 가족에게도 1+1이 적용된다. 부부관계가 힘들수록 서로에게 책임을 전가시킨다. 서로성격이 너무 다르고, 애초 잘못 만났고, 너무 이기적이고, 욕심이 많다는 등 상대에게 비난의 화살을 퍼붓는다. 불행한 결혼의 1은 바로 상대방의 실망스럽고 상처 주는 행동일 것이다. 그러나 이것만으로는 힘든 부부와 가족관계를 충분히 설명할 수없다. 여기에 하나가 더해진다. 그것은 각자 배우자가 어린 시절 경험한 부모의 결혼생활과 그때 받았던 상처이다. 이 둘이

합쳐져 1+1을 이뤄 현재 불만과 짜증, 분노로 일그러진 가족이 된 것이다.

상대방에게서만 문제를 찾으려고 하면 그토록 원하는 행복한 가족과는 점점 더 멀어진다. 나의 지난날 상처와 아픔을 보는 것이 필요하다. 사람은 잘 변하지 않는데 상대방을 변화시키려고 온통 에너지를 쏟는 일은 밑 빠진 독에 물 붓기다. 내가 갖고 있는 나머지 1을 살피고 변화시키는 것이 더 효과적일 때가 있다.

문제가 있는 부부와 가족을 치료할 때 기본 전제가 있다. 가족 문제의 1+1을 가족 모두가 이해하도록 만드는 것이다. 그것은 부부가 서로 각자 어린 시절의 상처와 그것의 영향을 마음으로 공감하고 존중하는 데서 시작된다. 그때 비로소 진정한 변화가 찾아온다.

상담을 하면서 느낀 여러 안타까운 마음은 언젠가 한번쯤 심리학을 배우지 않은 일반인들도 이해할 수 있는 적절한 가족심리 안내서를 만들고 싶다는 생각으로 발전했다. 가족심리학과 가족상담 이론에 관한 저술이 결코 적다고 할 수는 없지만, 아직까지는 관련 연구자나 전공자들을 위한 것이 대부분이다. 가족심리학을 상식 수준에서 이해할 수 있는, 좀 더 대중적

접근이 필요하다고 보았다. 부부나 가족 문제가 점차 증가하는 상황이지만 모든 사람이 가족상담을 쉽고 편안하게 받을 수 없는 환경이기도 하다. 이런 점에서 상담을 대신할 수 있는 가족 심리학 책이 필요하지 않을까 생각했다.

이 책이 나오기까지 곁에서 꼼꼼하게 원고를 읽고 수정해 준 아내에게 감사한 마음을 전한다. 원고를 쓰는 동안 수없이 아내와 상의하고 대화를 나눴는데, 이제 와 돌이켜 보니 우리 부부에게 더없이 소중한 시간이었다. 아들에게도 고맙다는 말을 해 주고 싶다. 먼 훗날 아들이 커서 이 책을 보게 되었을 때, 아빠에게 누구보다 힘이 된 사람이 바로 자신이었다는 것을 알아주었으면 한다.

"아들아, 태어나 주어서 고맙다. 너로 인해 나는 아빠가 되었고 비로소 온전하게 가족을 이해하게 되었단다."

# 차례

과거에 무시당하고 상처 받은 내면아이가

바로 사람들이 겪는 모든 불행의 가장 큰 원인이라고 믿는다.

그래서 아이였을 때 제대로 채워지지 못한

욕구들의 상실을 슬퍼하는 것이야말로 치유의 시작이다.

-

존 브래드쇼 John Bradshaw

1부

# 어린 시절의 나를
# 돌아보다

# 1장

# 현재 삶에
# 영향을 미치는
# 내면아이

박사학위를 마치고 한국에 돌아온 얼마 후 나는 운 좋게도 한 대학에서 교수 생활을 시작할 수 있었다. 힘든 유학 시절을 버티게 해 준 가장 큰 동력은 언젠가 어엿한 대학 교수가 될 거라는 기대였다. 이제 그 꿈의 초입에 들어서니 설레지 않을 수 없었다. 힘들었던 지난날이 주마등처럼 스쳐 갔다. 그러나 웬걸. 첫날부터 꼬이기 시작했다.

대학원에서 첫 강의를 하게 되었다. 강의실을 찾아가는데, 신임 교수를 알아본 한 학생이 자판기 커피를 한 잔 뽑아 권했다. 강의 시간이 다 되었기에 나는 사양을 하고 강의실에 들어섰다. 잠시 후 수업을 시작하려는데 문이 열리면서 한 학생이 들어왔다. 조금 전 커피를 권했던 바로 그 학생이었다. 그런데 학생의 표정이 심상치 않았다. 매서운 눈초리로 나를 쏘아보는 것이었다.

아니나 다를까 강의를 하는 도중 그가 질문을 쏟아 내기 시작했다. 예나 지금이나 학생들의 질문 유형은 크게 두 가지로 나뉜다. 정말 궁금해서 묻는 질문과 교수가 얼마나 알고 있는지 떠보기 위한 질문. 이 학생은 후자의 질문만을 연속해서 던졌다. 대답을 하면 또 다른 질문으로 신출내기 교수를 긴장하게 만들었다. 다음 시간에도 이런 양상은 계속되었다. 처음에는 어리둥절했지만, 학생의 의도를 파악한 나는 몹시 불쾌하고 화가 치밀어 올랐다. 그 학생과 나 사이에 흐르는 미묘한 긴장을 느낀 다른 수강생들은 불안해했다. 아마도 짓궂은 학생을 잘 제어하지 못하는 교수의 우유부단함에 슬며시 짜증이 났을 것이다. 지금 같으면 그런 질문쯤 유연하게 받아 넘기며 학생의 의도를 살짝 꼬집어 비판했을 텐데, 당시 나는 너무나 집요한 학생의 태도에 겁조차 났다. 심지어 그 학생은 수업에 대한 불만을 학교 홈페이지에 올릴 수 있다고 은근히 협박까지 했다. 꿈에 그리던 교수 생활이 악몽으로 바뀌는 데는 그리 긴 시간이 필요하지 않았다. 강의 때마다 늘 그 학생 때문에 긴장했기에 수업을 마치고 나오면 극심한 피로가 밀려왔다. 교수를 꿈꾸던 시절이 언제인가 싶게 교수 생활에 대한 회의가 밀려왔다.

한 학기가 끝나 갈 무렵 만감이 교차하는 터라 종강을 의미 있게 마무리하고 싶어 음료수와 과자를 좀 사오게 해서는 학생들과 도란도란 이야기를 나누는 시간을 마련했다. 강의실 테이블을 원탁 형태로 배치하고 나도 한 자리를 차지하고 앉았는데 하필 내 옆 자리로 그 학생이 다가오는 게 아닌가. 나는 잔뜩 긴장하지 않을 수 없었다. '이 녀석, 마지막까지 나를 괴롭히려는 거야?'

옆에 앉은 그는 자신이 반쯤 마시던 주스 병을 들어 나에게 권하였다. 내 머릿속은 복잡하게 엉켰다. '아무리 젊은 교수라지만 새 주스를 권하는 것이 예의 아닌가? 이것도 나를 무시하는 의도된 행동일까?' 온갖 의문이 머리를 스쳤지만 커피 한 잔 거절한 대가를 톡톡히 경험했기에 나는 그가 건네준 주스를 받아 단숨에 들이켰다. 그런데 정말이지 거짓말 같은 일이 일어났다. 주스 병을 다 비우고 내려놓는 순간 갑자기 학생의 표정이 바뀌기 시작한 것이다. 처음 복도에서 커피를 권할 때의 순진하고 맑은 얼굴이었다. 그리고 그는 언제 우리 사이에 긴장이 있었냐는 듯 너무나 즐겁게 말을 이었다.

"교수님 한 학기 동안 너무 수고하셨어요. 제게 큰 도움이 되었어요. 다음 학기에 또 늘어도 되지요."

어안이 벙벙했지만, 어쨌든 주스 병 덕분에 골칫거리 학생과 점차 친해지게 되었다. 그는 대학원을 마칠 때까지 내 수업을 두 번이나 더 들었다. 후일 그의 어린 시절 이야기를 들으면서 왜 그런 어이없는 사태가 벌어졌는지 비로소 사정을 짐작할 수 있었다.

"처음 본 교수님께 나름 용기를 내어 커피를 권했는데 거절하셨잖아요. 무안하게 종이컵을 들고 있던 그 순간 갑자기 명치 깊은 곳에서 오래된 아픔이 도지는 것을 느꼈어요. 여러 감정이 한꺼번에 올라왔어요. 과거 부모님한테 받았던 상처였죠."

비교적 냉담한 부모 아래서 자란 그는 어린 시절부터 무언가를 요구할 때마다 대부분 거절당하곤 했다는 것이다. 그의 무의식 속에 자리 잡고 있던 거절의 상처는 부모에게 느꼈던 실망과 분노 그리고 억울함을 그대로 나에게 투사하게 만들었다. 내가 거절한 커피 한 잔이 이 학생에게는 과거의 상처를 덧나게 하는 기폭제가 된 셈이다.

어린 시절의 상처는 훗날 다른 사람에게 투사되곤 하는데, 이런 현상을 전이감정이라고 한다. 프로이트Sigmund Freud가 명명한 전이감정은 과거의 경험이 현재 관계에 부정적인 영향을 끼쳐 상대를 착각하고 오해하게 만드는 현상이다. 나는 이 학생의 전이감정으로 인해 졸지에 영문도 모른 채 한 학기 내내 고통을 당한 것이다.

## 둘째가 더 예뻐 보여

전이감정은 모든 인간관계에서 빈번하게 일어난다. 부모와 자녀, 부부 사이에서도 얼마든지 발생할 수 있다. 형제를 다르게 대하는 부모의 편애에도 대체로 전이감정이 작용한다. 부모의 자녀 사랑이 형제들 간에 똑같다는 의미로 '열 손가락 깨물어 안 아픈 손가락이 있느냐'는 말을 하지만, 많은 사람들을 면담해 본 내 경험으로 이는 현실과 조금 차이가 있는 '공자님 말씀'이다. 자녀를 키워 본 사람이면 대부분 조금 더 정이 가는 자식, 다른 형제보다 한결 의젓하고 믿음이 가는 자식이 분명히 따로 있다고 말한다. 부모는 어린 시절의 경험을 통해 자신도 모르게 어느 자녀에게 잘해 주고 반대로 어느 자녀에게는 지나치게 엄격하게 대하기도 한다.

세 자매 가운데 막내로 자란 수빈 씨. 그다지 넉넉하지 못했던 집안 형편에 어린 시절은 늘 언니들과 불꽃 튀는 경쟁이었다고 회상한다. 가만히 있다가는 새 옷 한 벌 얻어 입기 힘들고 극성을 떨지 않고서는 대학 진학도 어려웠다. 수빈 씨가 특히 강하게 질투를 느꼈던 사람은 부모의 기대가 많았던 큰언니였다. 수빈 씨는 현재 결혼해서 딸만 둘을 두었는데 이상하게 첫딸에게는 정이 안 가고 하는 짓마다 자꾸 미운 감정이 올라온다. 반면 둘째는 볼 때마다 측은하고 안쓰러운 마음이 들어 훨씬 더 잘해 주게 되더라는 것이다. 수빈 씨의 무의식 속에 첫딸을 과거에 자신을 힘들게 하였던 첫째 언니로, 그리고 둘째 딸을 언니들과 경쟁하면서 늘 치였던 자기 자신으로 바라보는 전이감정이 일어난 탓이다. 사실 수빈 씨가 둘째 딸에게 유독 관심과 애정을 쏟는 것은 지난날 충분히 사랑받지 못한 자신에 대한 보상이었다.

## 아버지를 대신할 남편을 찾다

전이감정은 특히 부부관계에 부정적인 영향을 많이 미친다. 어린 시절의 상처를 보상받고자 하는 마음이 배우자에게 지나친 요구를 하게 만든다. 그러나 남편 또는 아내는 상대방의 요구를 다 수용해 줄 만큼 완벽한 사람이 아니다. 배우자에게 바라던 욕구가 충족되지 못하면 과도한 요구는 이내 실망과 불만, 후회로 바뀐다.

남편의 무관심과 이기적인 성격에 지쳐 간다고 호소하는 20대 후반의 민영 씨. 자신의 감정을 전혀 이해하지 못하는 남편에 대한 극도의 실망감 때문에 상담실을 찾았다. 그녀와 대화를 하면서 남편에 대한 과도한 실망감에는 어떤 까닭이 있음을 알게 되었다. 민영 씨는 초등학교 6학년 때 아버지가 돌아가셨다. 너무나 좋아하고 따르던 아버지였는데 일찍 돌아가시자 마음에 상처가 되었다. 민영 씨는 처녀 시절 남자들에게 인기가 좋았다고 한다. 많은 남자들이 접근해 왔지만 마음이 안 갔다. 그러다가 아버지처럼 다정하고 따뜻한 성격의 한 남자를 만나면서 몹시 끌렸다. 바로 지금의 남편이다.

민영 씨는 남편에게 전이감정을 느끼고 있던 것이다. 아버지가 못다 주고 간 사랑을 남편이 채워 주기를 바란 것이다. 그러나 실제 부부 생활에서는 남편 역할만이라도 잘하면 대박이다. 남편은 남편일 뿐, 아버지가 아니다. 남편에게 아버지 같은 사랑을 기대했다가 실망하면서 민영 씨의 결혼생활은 위기를 맞았다. 남편이 주말에 피곤해서 자고 있는 꼴조차 견디기 힘들다고 한다. 어린 시절 기억 속의 아버지는 항상 어린 딸을 무등 태우고 산책을 하거나 솜사탕을 사 주면서 주말 시간을 보냈다. 피곤에 지쳐 있는 남편의 모습에서 애처로움보다 꼴 보기 싫다는 생각이 먼저 일어나는 것은 남편에게 아버지를 대신하는 역할을 기대한 민영 씨 자신의 문제가 더 컸다.

부부상담을 함께할 것을 권유해 남편을 만나 보니 내 짐작은 틀리지 않았다. 남편은 가정을 위해 성실히 일한다고 생각했을 뿐 자신이 아내의 아버지 역할까지 기대받고 있었음을 전혀 몰랐다. 늘 가정에 충실하려고 애를 쓰는 자신을 인정해 주지 않는다는 생각으로 남편 역시 아내에게 상처 받고 있었다.

부부가 이해할 수 없는 싸움을 계속해서 하거나, 도저히 부부관계가 힘들어진 뚜렷한 이유를 찾지 못할 때 상대방이 아니라 나 자신에게 문제가 있는 것은 아닌지 생각해 보자. 특히 자신의 어린 시절이 행복하지 않았다면 더욱 개연성이 높다. 전이감정을 일으키기 쉬운 사람들, 즉 '높은 전이감정 경향성*high transference liabilities*'을 지닌 이들은 대부분 어린 시절의 상처가 크다. 상처 받은 어린 시절의 내면아이가 지금의 삶에 영향을 미치고 있는 것이다. 어린 시절의 상처로 인해 생활이 힘들고 고통스러우면 자연히 상대방을 탓하는 식으로 전이감정이 생긴다. 상대의 결점과 단점이 결혼의 위기를 가져왔다고 공격하거나 자기 합리화를 하기도 한다. 자신이 느낀 결혼생활의 고통과 아픔이 전이감정에서 왔다는 사실을 깨닫는 것은 고통스러운 일이다. 그러나 자신의 내면에 있는 상처 받은 아이를 돌보지 않고, 전이감정을 살펴보려 하지 않는다면 계속해서 고통스러운 관계를 지속할 수밖에 없다. 전이감정을 건강하게 다루기 위해서는 시간이 필요하다. 긴 시간 동안 자신의 내면을 들여다보면서 커다란 아픔을 경험하기도 한다. 그 안에는 평생 도망치거나 숨기려 했던 상처와 고통이 놓여 있기 때문이다.

첫 대학 강단에 선 교수를 힘들게 했던 그 학생도 자신의 호의를 거절당했을 때 내면에서 올라오는 분노와 원망 등 부정적인 감정을 객관적으로 바라볼 수 있었다면 문제는 쉽게 풀렸을 것이다. 마음이 상해 감정적으로 흔들리고 있지만, 이 감정이 상대방 때문이 아니라 자신의 과거 상처에 기인한 것임을 분리해서 인식한다면 갈등의 해결점을 찾는 일은 매우 쉬워진다.

## 2장

# 사랑하는 가족과
# 함께여도
# 외롭다

오랫동안 친하게 지내는 지인 중에 늘 외로움을 호소하는 교수 한 분이 있다. 그녀는 여러 형제 중에 넷째 딸로 태어나 부모로부터 특별히 따뜻한 관심을 받지 못하고 자랐다. 먹고살기 힘든 시기여서 부모는 많은 식구들의 생계를 책임지느라 항상 바빴다. 부모를 대신해서 그녀에게 살가운 애정과 관심을 주었던 사람은 이모였다.

"함께 살던 이모가 어느 날 이사를 가게 되었죠. 이삿짐을 실은 차가 떠날 때 나는 울며불며 가지 말라고 매달리다가 급기야 용달차에 따라 올라탔어요. 이모도 애처로운 마음에 결국 이사하는 집까지 데리고 갔는데 세를 준 집 주인이 어린아이가 차에서 내리는 것을 보고 애가 없다더니 말이 틀리지 않느냐고 화를 내며 따지더군요. 하룻밤이라도 재워 보내려던 이모도

21

어쩔 수 없이 나를 다시 돌려보내야 했죠. 집으로 돌아오는 내내 하염없이 울었는데 그 당시 돌아오면서 느꼈던 외로움과 상실감이 30년도 지난 지금까지 생생하게 가슴 속에서 느껴져요. 지금도 그때를 생각하면 가슴이 메어 오는데 난 아직도 그 외로움에서 벗어나지 못한 것 같아요.”

지금도 그녀는 늘 순간순간 외로움을 느끼고, 사랑하는 사람을 잃어버리지 않을까 하는 불안을 안고 살아간다. 과거 이모가 그랬듯이 자기가 사랑하는 남편과 자식들도 언젠가 떠나지 않을까, 그래서 가족과 함께 저녁을 먹다가도 문득문득 뼛속 깊이 외로움에 사무친다는 것이다. 이처럼 우리는 실제로 홀로 있어 외롭기도 하지만, 사랑하는 사람들 가운데 있어도 외로움을 느낀다. 좀 더 정확히 말하면 다시 홀로 될 것을 두려워하는 마음이다.

## 나는 늘 외롭다

어린 시절이 외로웠던 사람은 늘 쉽게 외로움을 느낀다. 이런 사람일수록 외롭지 않으려고 평상시 애를 많이 쓴다. 일에 빠져들거나 주변 사람들을 끊임없이 챙기면서 외로움을 느끼지 않으려고 분주하다. 그러나 이러한 노력에도 불구하고 외로움을 떨쳐 낼 수 없다.

객관적으로 볼 때 외로운 처지가 아닌 사람이 왜 매사에 외로움을 호소하는 것일까? 감정 채널이 고정된 결과이다. 우리의 감정은 일어난 일련의 사건들을 액면 그대로 반영하지 않는다. 감정 채널이 한 곳에 고정되면 계속 같은 감정에 사로잡힌다. 마치 1번부터 수백 번 대까지 수많은 방송 채널이 있지만 채널을 한 곳에 고정시키면 게임 방송은 계속 게임만 틀어 주고 스포츠 방송은 24시간 내내 스포츠 중계만 하는 것과 마찬가지다.

가족은 우리가 태어나 처음으로 관계를 맺는 곳이다. 우리가 가족 안에서 어떤 관계를 맺고 어떤 감정을 경험하였는가는 평생 동안 간직될 감정의 채널을 고정시키게 만든다. 어린 시절 경험한 외로움이 평생 지속되는 이유이다.

우리는 가족관계를 통해 인생을 살면서 수없이 형성하게 될 대인관계에 대한 기본적 믿음과 기대를 갖게 되며 이것은 친구, 연인, 부부, 자녀 등 여러 관계 속에서 많은 영향을 미친다. 가족관계는 우리의 인간관계를 찍어 내는 붕어빵 틀이라 할 수 있다. 가족관계가 어떤 틀이었는가에 따라 이후의 수많은 인간관계가 그와 유사하게 만들어진다. 어린 시절 외로웠던 사람은 자신도 모르게 스스로 외롭게 느끼고 일상 속에서 외로운 감정에 더 민감하게 반응한다. 그러나 정작 본인은 외로움을 느낄 때 이 외로움이 자기 내면에서 온다는 사실을 모른다. 대부분 자신의 환경이나 가족, 주변 사람을 탓하기 쉽고 자기 자신이 외로움의 주요 원인이라는 점을 모른다. 문제를 자신에게서 찾지 못하고 주위를 탓하는 비근한 예 중 하나가 동창 모임이다. 대부분의 사람들이 동창 모임에 가는 것을 따분한 일이라고 여긴다. 왜 그런지 이유를 물어보면, "글쎄… 나가봐야 좀 성공한 놈들 자기 과시나 하고 재미도 없고 뻔한 자기 직업 이야기나 하고, 매번 그렇잖아"라고 대답한다. 그런데 사실은 동창 모임이 지루한 것이 아닌 동창 모임에 있는 내가 외로운 것이다. 나자신이 동창들과 비교하면서 때로는 열등감을 느끼고 마음 불편해 하는 것이다.

## 결혼이 외로움을 해결해 줄까?

결혼에 대한 잘못된 신화 가운데 하나는 결혼하면 외롭지 않을 것이라는 환상이다. 실제로 외로워서, 옆구리가 허전해서,

혼자 밥 먹기 지겨워서 결혼했다는 사람들도 많다. 그러나 결혼은 오히려 더 깊은 외로움을 가져다줄 수 있다. 외로워서 결혼한 사람들일수록 혼자일 때의 허전함과는 차원이 다른 외로움이 자신을 기다리고 있음을 알게 된다.

나는 결혼하기 전 자취생활을 오래하였다. 학교에서 돌아올 때마다 텅 빈 을씨년스런 자취방의 싸늘한 기운이 싫었다. 해결책은 하루라도 빨리 사랑하는 사람을 만들어 온기를 나누는 길뿐이라고 생각했다. 드디어 나는 애인을 만들고 결혼하게 되었지만 결혼 후에도 고독과 외로움은 여전했다. 아내와 갈등이 생기면 정서적으로 깊은 단절이 찾아왔다. 그런 순간에는 차라리 자취방을 혼자 뒹굴며 외로움을 견디는 편이 낫겠다는 생각마저 들었다.

우리는 대개 자신과 가까이에 있는 사람들 때문에 외로움을 느끼거나 상처를 받을 때가 많다. 나에게 얼마나 소중한 존재인가에 따라 내가 받는 상처의 강도는 세진다. 고독한 노년을 보내는 노인들은 언제 외로움을 많이 느낄까. 바로 그렇게 사랑하고 애지중지한 자식이 자신을 돌아보지 않을 때이다. 직장 상사나 동료, 친한 친구, 부모, 애인이나 배우자 등 나에게 중요하다고 여기는 사람들로 인해 더 크게 상처를 받고 외로움과 불안을 느낀다. 특히 가족 안에서는 어린 시절에는 부모가, 결혼 후에는 배우자가 그 역할을 맡는다.

한번은 라디오에서 노래를 듣다가 '결혼은 미친 짓이야'라는 가사를 듣고 귀가 번쩍 뜨였다. 나중에 확인해 보니 '화려한 싱글'이라는 제목의 노래였다.

결혼은 미친 짓이야.
정말 그렇게 생각해. 이 좋은 세상을 두고
서로 구속해 안달이야.

외롭지 않기 위해 결혼하는 것이 '미친 짓'이라면, 노랫말처럼 미혼이면 외롭지 않을까. 그렇지도 않다면 어떻게 이 외로움의 무한 저주에서 벗어날 수 있을까? 여기에 대해서는 자취방 시절에나 결혼 이후에나 늘 외로움을 느끼고 살기는 마찬가지인 나보다는, 전 세계가 공인한 베스트셀러 작가의 조언을 참조하는 게 좋을 것 같다. 34개 언어로 번역되어 수백만 부가 팔린 《사랑의 기술》의 저자 에리히 프롬은 그 책뿐만 아니라 《소유냐 존재냐》《자유로부티의 도피》 등을 쓴 베스트셀러 작가이며 정신분석학자이자 사회심리학자이다. 프롬은 상담이란

'자기를 알게 하는 것'이라고 정의했다. 이 말을 따져 보면 상담을 받는 행위 자체가 정신적 치유를 해 주는 것이 아니라, 상담 과정을 통해 자신을 앎으로써 불행의 반복으로부터 벗어나는 실마리를 얻게 된다고 해석할 수 있다. 이때 중요한 것은 '그래 내가 어린 시절 외로웠고 상처 받았지'라고 단순히 머리로 아는 것이 아니라 마음으로, 감정으로 아는 것이다. 우리말에는 '안다'라는 말을 뜻하는 단어가 하나밖에 없다. 그러나 독일어에서는 '안다'를 뜻하는 단어가 5가지가 넘는다. 에리히 프롬이 자신을 알게 된다는 말은 곧 자기의 상처를 마음과 감정으로 직면하고 이해한다는 뜻이다. 자신의 상처를 알게 되는 사람은 상처를 객관적으로 바라볼 수 있다. 자신을 짓눌러 오던 외로움과 혹시 사랑하는 사람이 떠나 버려 더 외롭게 되지 않을까 하는 불안의 원인을 알게 된다.

물론 자신의 뼛속 깊이 자리 잡은 외로움의 실체를 알게 되었다고 외로움에서 벗어나는 것은 아니다. 어린 시절부터 언제나 따라오던 외로움과 사랑하는 사람의 상실에 대한 불안은 생활습관처럼 반복되었기 때문이다. 그러나 실체를 알고 나면 조금씩 차이가 생기게 마련이다. 외로움의 실체를 안 다음에는 이제 매일 일상 속에서 자신과 대화하며 자신을 설득하는 작업이 필요하다. 과거에는 외로움과 불안이 밀려오면 그 감정에 함몰되어 고통받았지만 이제는 그 감정들을 객관화시키고 다룰 수 있는 영역이 된다. 외로움과 불안이 밀려올 때면 '그래 이것은 저 사람 때문이 아니라 내 안에서 오는 거야' '나도 모르게 어린 시절 가족 안에서의 관계 패턴과 감정 채널을 반복해서 재경험하고 있는 거야'라고 스스로 설득하면서 순간 치밀어 오르는 외로움과 불안을 잠재우고 통제할 수 있게 되는 것이다. 치유라는 말은 상처를 깨끗하게 지워 주는 것이 아니다. 안타깝지만 지난날의 상처는 깨끗하게 단번에 사라지지 않는다. 다만 지난날의 상처로 더 이상 현재의 내 감정을 다치게 하거나 왜곡하는 것을 막는 것이다.

상담 현장에서 많은 분들을 만나 보면 "상담을 받았지만 왜 여전히 내 안에 상처가 느껴지고 변화가 오지 않습니까?" 하는 질문을 종종 받는다. 상담을 했다고 우리의 상처가 한번에 해결되지는 않는다. 다만 자기의 상처를 잘 인식하게 되며 그것을 통해 끊임없이 자신을 설득하여 드디어 그 상처가 주는 고통을 본인 스스로 통제하고 다룰 수 있게 될 따름이다.

## 3장

# 어린 시절
# 외로웠던
# 남편

어린 시절을 외롭게 보낸 한 아이가 있다. 장사를 하는 부모님은 밤늦게나 집에 돌아왔고 그는 형제도 없이 외로운 시간을 보냈다. 아이는 외로울 때면 언제나 집 계단 아래에 우두커니 앉아 있었다. 계단 구석에 쪼그려 앉은 아이에게 따뜻한 관심과 배려를 해 주는 사람은 아무도 없었다. 그 아이는 이제 자라서 40대 초반의 회사원이며 한 여인의 남편이자 두 아이의 아빠인 가장이 되었다. 그런데 그는 지금도 외롭다. 아내가 자기를 사랑해도, 자녀들이 아빠를 필요로 해도 언제나 가정 안에서 겉돌고 있다. 가족과 함께 밥을 먹고 텔레비전을 볼 때도 그의 마음은 언제나 어린 시절 외로움에 사무친 채 쪼그려 앉아 있던 집 계단을 찾아간다. 마음속에서 스스로 가족들과 거리감을 두고 자신의 오랜 상처를 만지고 있는 것이다.

그의 가족들 이야기를 들어 보았다. 아내와 아이들은 남편이, 아빠가 필요하다. 부인은 늘 일만 아는 남편 때문에 마음이 허전하다. 남편은 가족을 위해 성실하게 일을 한다고 하지만, 그것이 정말 가족을 위한 길인지 의문이 든다고 했다. "아빠 오늘은 집에 놀러와." 초등학교 2학년짜리 아들이 아빠와 통화하면서 하는 말이다. 이 가정에 남편의, 아빠의 자리는 부재 중이다. 일 때문에 가족에게 소홀할 수밖에 없는 현실이라면 차라리 모든 여자들이 남편을 세 명쯤은 두어야 하지 않겠느냐고 이 부인은 자조적으로 말한다. 돈 버는 남편, 내 이야기를 들어 주는 남편, 아이들과 다정하게 놀아 주는 남편.

이 남편이 일을 우선시하고 가정을 소홀히 하는 것은 아내와 아이들을 사랑하지 않아서가 아니다. 그렇게 하는 것이 아내와 아이들을 위한 최선이라고 믿고 있을 뿐이고 가정에서 자신이 어떤 역할을 할 수 있는지 잘 몰랐던 것이다. 남편 스스로가 만든 외로움의 굴레에서 벗어나고 아내와 아이들의 간절한 바람을 들어주는 방법은 무엇일까?

## 상처 받았을 때 누구를 찾는가

"당신은 어렸을 때 상처 받거나 좌절하면 누구에게 먼저 달려갔습니까?"

내가 내담자들에게 이런 질문을 던지면 대개 눈이 동그래진다. 오래된 이야기라 까맣게 잊고 있기도 하거니와 '이 상담사가 또 무얼 들춰내려고 이러나' 하고 의아한 표정을 짓는다. 잠시 머뭇거리던 내담자들이 내놓는 가장 많은 대답은 "아무한테도 안 갔어요"라는 것이다. 자기 방에 틀어박혀 있거나 강아지를 껴안고 숨어 있었다는 등의 대답이 돌아온다. 부모님에게 말하려고 했지만 그분들이 없어서 또는 너무 바빠 보여서 말할 수 없었다는 대답도 많다.

사람들은 힘들거나 괴로울 때 가장 가깝고 믿을 만한 사람에게 의지한다. 그 사람을 통해 위로와 확신을 얻는 것이다. 의지하는 대상이 꼭 문제를 해결해 주는 것은 아니다. 다만 그에게 속을 털어놓는 것만으로도 기분이 한결 나아진다. 분노와 정서적 학대에 대해서 세계적 권위를 인정받는 전문 상담사이며 CNN과 '오프라 윈프리 쇼'를 비롯한 유명 텔레비전 프로그램에 출연하여 상담의 대중화를 선도하는 비벌리 엔젤*Beverly*

*Engel*은 말한다. "어린 시절 우리가 믿고 의지하는 대상인 부모의 따뜻한 포옹과 말 한마디는 상처 난 무릎에서 흐르는 피를 멈추게 해 준다."

무언가에 상처를 받았을 때 누구에게도 갈 수 없었다는 것은 한번도 사람을 통해 상처를 치유 받은 경험이 없다는 뜻이다. 이들은 이미 아파도 아프다고 말하지 못하는 벙어리가 돼 버린 것이다. 그리하여 지독한 외로움과 고독감만이 가슴 속 깊이 자리 잡게 된다.

## 소속감을 느끼기 힘든 가족

우리 모두는 부모, 가족, 부부에 속해 있고 기업, 지역사회 등에 속하면서 자기 정체성을 확인하고 마음의 안정을 누린다. 자기가 속한 곳에서 버림을 받는다는 것은 마음에 깊은 흔적을 남긴다. 마음의 상처는 밖으로 폭력성을 통해 표현되기도 한다. 혹은 자기 내부로 폭력성을 표현하기도 하는데 이때의 극단적인 형태가 자살이다.

오늘도 신문과 텔레비전의 뉴스는 가족 안에서 벌어진 수많은 비극적인 강력범죄 사건들을 보도한다. 독일 하노버 범죄 연구소장인 크리스티안 파이퍼Christian Pfeiffer는 기혼 여성에게 가장 위험한 남성은 바로 남편이라고 말한다. 아내와의 관계가 깨어지고 아내로부터 버림받았다는 충격으로 충동적으로 몹쓸 짓을 하는 범죄 사례가 비일비재하다. 자신이 속해 있던 곳에서 혹은 함께하던 사람에게 버림받는 것은 그만큼 마음에 깊은 상처를 일으킨다.

우리 모두가 공통적으로 소속감을 느끼는 곳이 가족이다. 우리가 가족과 깊게 연결되어 가족들과 애착을 잘 형성할 때 여기서 느끼는 소속감은 사랑과 행복감의 원천이 된다. 내가 혼자가 아니라 가족에 속해 있고 그들도 나에게 속해 있다는 느낌은 자신의 정체성에 대해 분명하게 답을 주고 심리적 안정감을 준다.

유학 시절, 살던 동네에 평소 알고 지내던 60대 의사가 있었다. 그녀는 독신주의자로 결혼하지 않고 살면서도 아이를 입양하여 정성을 다해 키워 사회적으로 성공시킨 존경할 만한 분이었다. 한번은 이 분과 입양에 관해 대화를 하다 한국인으로서 크게 부끄러움을 느낀 적이 있었다. 독일에서 입양아들의 대부분은 한국 아이들이라는 것이다. 자신도 원래는 한국 아이를 입양하려다가, 우연히 알게 된 캄보디아 아이를 입양해서 키우게 되었다고 한다. 지금은 사정이 조금 달라졌을지 모르나 그 시절 독일에서 바라본 한국은 입양아 수출국의 대명사였다. 이렇게 독일 가정에 입양되어 자란 한국 출신 아이들이 자라서 청년이 되면 대부분 한번쯤 한국을 방문하거나 한국에 소식을 보내 자신을 낳아 준 부모를 찾는다. 왜 자기를 버린 부모를 찾을까? 핏줄의 끌림 때문에? 아니다. 이들 입양아들은 자기가 누구인지, 자기가 원래 어디에 소속된 사람인지를 알고 싶어 하는 것이다. 자기를 버린 부모를 만나 자기의 뿌리와 자기가 소속됐어야 할 곳을 확인하고 싶어 한다. 그것이 자기 정체성을 만들어 나가는 데 필수적이기 때문이다.

가족에게 소속되지 못하고 거부당한 경험을 반복한 사람은 자기 정체성과 자존감에 상처를 입는다. 스스로 무가치하고 아무짝에도 쓸모없는 존재라고 여긴다. 자존감이 낮은 사람이 커서 가정을 꾸리면 이런 심리가 가족들에게 무관심하고 자기 일만 아는 이기적인 사람으로 비쳐지는 행동을 낳는다. 사실 속마음이 그런 것은 아니다. 어떻게 해야 다른 사람과 좋은 관계를 맺을 수 있는지, 좋은 분위기를 만들어 낼 수 있는지 모를 뿐이다.

가족이 아닌 사회 집단에서도 이런 상처를 지닌 이들은 뭔가 이질적이고 동화되기 어려운 존재로 인식된다. 이들은 자신과 타인에게 가혹할 만큼 비판적이고 다른 사람의 평가에 지나치게 예민하게 반응한다. 타인과 갈등이나 의견 충돌이 일어났을 때 감당하지 못하고 몹시 힘들어한다. 성숙한 합의나 협상, 이해는 기대하기 힘들다. 이는 인생을 좀 더 풍요롭고 다양하게 살 수 있는 즐거움을 앗아간다. 당연히 깊이 있는 인간관계를 형성하지 못한다. 때로 누군가와 친해져도 그 사람에게 지나치게 빠져들어 결국 관계를 망치기도 한다. 이런 갈등이 여러 차례 반복되면 시간이 갈수록 점점 가족과 주변 사람들로부터 멀어지고 소외로 인해 상처 받은 자신을 보호하기 위해 더 강력한 보호책을 만들어 낸다. 분노의 폭발, 강박 행동, 자살 시도, 지나친 게으름, 우울증, 성性적 방탕, 중독 등이 그것이다. 소속감의 부재는 사랑과 인정에 대한 결핍을 낳고 이는 모든 문제의 근원이 된다.

가정을 따뜻한 둥지로 만들어 각 구성원들이 그 안에서 소속감을 느껴 평안할 수 있게 노력을 기울여야 한다. 특히 어린 시절을 외롭게 보낸 사람일수록 자신의 어린 시절을 반복하지 않도록 더 많은 노력이 필요하다. 외로웠던 그 시절에는 아무것도 할 수 없던 무기력한 어린아이였지만 지금은 성인이며 스스로를 책임져야 한다. 현재의 모습을 부인하지 않고 받아들여야 한다. 지금 가족들이 얼마나 힘들어하며 참고 견뎌 내고 있는지를 들여다볼 수 있어야 한다. 어린 시절의 상처가 아물 수 있도록 자신의 감정을 돌보고 자신의 오랜 도피처이자 스스로를 고립시켰던 마음의 공간에서 서서히 빠져나와야 한다.

불행하게 자란 사람일수록 가족에게 진실한 애정을 느끼고 가족에게 사랑을 주는 과정은 낯선 경험이며 결코 쉽지 않지만 그 결과는 자신의 온 인생을 그리고 더없이 소중한 가족의 미래를 따뜻하게 밝히는 등불이 될 것이다.

# 4장

# 마음의 상처는 몸에 흔적을 남긴다

영화나 드라마 감독들은 작품을 만들기에 앞서 누구를 캐스팅할 것인가를 놓고 심각한 고민에 빠진다. 이때 수많은 후보 배우들을 만난다. 그래서 나름의 사람을 보는 안목이 생긴 것인지 신인 배우를 보면 크게 될 사람인지 아닌지 처음부터 느낌이 온다고 말한다.

감독의 직감은 배우의 몸에서 뿜어져 나오는 에너지 파동에서 받은 느낌이다. 인간의 몸과 내면은 에너지가 순환하면서 깊게 연결되어 있다. 몸은 마음을 비쳐 주는 거울과 같으며, 우리의 마음속에 어떤 일이 벌어지고 있는지에 대한 중요한 실마리를 제공해 준다. 우리의 몸은 과거의 흔적들을 저장하고 있는데, 음식의 맛을 몸이 기억하는 것 또한 그 예이다. 고구마를 먹고 체한 사람은 고구마만 봐도 식욕이 떨어진다. 살구의 신맛을 기억하고 있는 우리 몸은 '살구'라는 말만 들어도 입안에 침이 고인다. 이와 마찬가지로, 몸은 우리의 마음속 트라우마 trauma, 즉 상처를 기억하고 있으며 어느 순간 그 기억을 재생시킬 수 있다.

대표작《침묵》을 남긴 일본의 대문호 엔도 슈사쿠는 여러 차례 노벨 문학상 후보로 거론되었으며 20세기 문학의 거장으로 평가받는다. 그는 몸에 트라우마의 기억이 새겨진 한 중년 남성에 대해 이야기를 쓴 바 있다. 지극히 평범한 생활을 하던 중년 남성은 어느 날 화장실에 들어가서 쭈그리고 앉았다. 그 순간 무릎이 경직되어 아무리 일어나려고 해도 일어날 수가 없었다. 병원에서 진찰을 받았지만 몸에는 아무런 이상이 없었다. 아무리 마사지를 해도 다리가 풀리지 않았다. 결국 정신분석을 통해 그 원인이 밝혀졌다. 젊은 시절 그는 군대에서 포로를 총검으로 죽이라는 상관의 명령을 받았다. 포로는 손을 뒤로 포박당한 채 쭈그리고 앉아 있었다. 그는 상관의 명령에 따라 어쩔 수 없이 그 포로를 총검으로 찔러 죽였다. 자기 손으로 사람을 죽였다는 죄책감과 잔혹함 때문에 그는 빨리 그 일을 잊으려 했고 그래서 오랜 세월 서의 잊고 지내왔다. 그러다가 어느 날 화장실에서 그때 죽인 포로와 똑같은 자세로 쭈그려 앉는 순간 지워 버렸던 트라우마의 끔찍한 기억이 무의식적으로 떠오르며 몸이 마비되었던 것이다.

## 몸에 각인되는 상처의 기억

독일 프라이부르크 대학 교수이자 심리치료의학 분야의 수석 전문의로 활동 중인 요아힘 바우어Joahim Bauer는 트라우마의 기억은 우리의 무의식 속에 잠재되어 있으며 신경생물학에서 엔그램engram이라고 불리는 일정한 각인을 우리 몸에 남긴다고 말한다. 트라우마를 겪은 흔적인 엔그램은 아무 고통을 유발하지 않고 오랜 시간 잠잠히 '겨울잠'을 잘 수 있다. 그러다가 몇 년이나 몇십 년이 흐른 뒤라도 정신적 스트레스를 심하게 받으면 트라우마의 기억은 갑자기 다시 깨어나게 되며 저장되었던 고통이 다시 재발한다.

30대 주부인 황 씨는 남편과의 잠자리가 너무나 고통스럽다. 남편이 잠자리를 요구할 때마다 불안하고 가슴이 떨려왔다. 남편의 손길이 몸에 닿는 순간 반사적으로 딱딱하게 오그라들었으며 억지로 잠자리가 끝나고 나면 말할 수 없는 깊은 수치심과 분노마저 느꼈다. 황 씨는 남편을 사랑하고 있다. 남편은 황 씨에게 한없이 소중하고 다정한 사람이지만 남편과의 잠자리는 이를 악물도록 싫었다. 마음속으로 남편의 손길을 느끼려 할수록, 몸은 따뜻함이나 쾌감을 느끼기는커녕 더욱 경직될 뿐이었다.

황 씨는 초등학교 때 이웃에 사는 오빠에게 성추행을 당한 적이 있었다. 시간이 많이 지났어도 그날의 수치심과 분노가 여전히 그녀의 몸에 남아 있다. 사랑하는 남편과의 잠자리에서도 여전히 그때 받은 상처의 각인은 남아 있어 황 씨를 계속 힘들게 하는 것이다.

황 씨처럼 오래전에 성추행 당한 사건의 상처를 몸으로 계속 느끼는 것을 프로이트는 '트라우마를 기억하는 방식'이라고 말한다. 우리의 몸이 과거의 충격적인 고통을 계속 느낌으로써 과거를 기억하는 것이다. 프로이트의 관점에서 보면 우리 몸은 과거에 겪은 고통을 다시 재현함으로써 그 고통을 통제하고자 한다. 즉 트라우마를 다스리기 위해 고통을 반복하는 것이다.

# 트라우마가 많을수록
# 스트레스에 민감해진다

심리학은 어린 시절의 경험이 미래의 삶에 계속해서 영향을 미친다는 전제에서 출발한다. 최근 심리생리학은 어린 시절의 트라우마 경험이 뇌 속의 생화학적 작용을 왜곡시킨다는 사실을 발견하였다. 그 결과 스트레스 호르몬이 과다하게 분비되고 점점 더 신경이 예민해진다고 한다. 그래서 성인이 되면 사소한 스트레스까지도 호르몬 방출 체계를 무너뜨리고, 온몸이 경보 태세가 되어 무기력해지고 점점 우울해진다. 이 상태가 지속되거나 빈번해지면 우울증, 공포, 불안, 강박 등 여러 다른 스트레스성 질병에 노출될 수 있다.

다른 사람들보다 스트레스에 훨씬 민감하게 반응하는 사람이 있다. 쉽게 스트레스를 받고 한 번 받은 스트레스를 해소하는 데 시간이 많이 걸린다. 이런 사람은 보통 어린 시절 아주 강도 높은 스트레스를 받은 사람이다. 트라우마의 경험은 스트레스에 민감하게 반응하는 체질로 바꾸어 놓는다. 트라우마가 많은 사람은 그만큼 상처에 단련되어 그런 경험이 적은 사람보다 상처를 더 잘 극복할 것 같지만 실상은 그렇지 않다. 상처를 경험한 사람이 더 아프다. 반면 부모의 따뜻한 보살핌을 받고 상처를 적게 받으며 자란 사람이 스트레스에 잘 대처한다. 어린 시절 트라우마를 많이 받은 사람은 스트레스를 잘 해소하지 못하고 민감하게 반응하는데, 이들은 스트레스 대처 시스템에 손상을 입었기 때문이다.

미국 나로파 대학의 몸 상담심리학과 교수 크리스틴 콜드웰 Christine Caldwell은 이 분야의 개척자로 알려져 있다. 그는 우리 몸에 남아 있는 트라우마를 해결하기 위해 사람들이 '자기 몸을 떠나는 방식'을 사용한다고 주장한다. 자기 몸을 떠나는 방식이란 곧 중독을 일컫는다. 중독은 어린 시절 트라우마로 만들어진 고정된 신체 반응이라는 것이다. 알코올, 니코틴, 도박, 게임, 섹스 등에 의존하여 평상시 자신의 몸 상태에서 잠시 벗어남으로써 트라우마의 고통에서 빠져나오려고 하는 것이다. 중독의 특성은 반복이다. 반복을 통해 우리의 몸은 중독에 점점 더 익숙해진다.

고통을 줄이기 위해 중독 행위를 선택하는 사람들을 주위에서 종종 볼 수 있다. 중독을 통해 고통스러운 감정을 피하려고 하고 점점 의존하러 든다. 그러나 문제는 내성이 생기는 데 있다. 한 번의 일탈행위로 잠시 고통스런 감정에서 벗어났다고 해도 그다음에는 통하지 않는다. 배고픈 사람이 빵 한 개를 먹을 때의 행복감과 맛이란 그 어떤 진수성찬 부럽지 않다. 그러나 두 개, 세 개… 먹는 빵이 늘어날수록 점점 만족감은 떨어진다. 이것이 경제학에서 말하는 한계효용체감의 법칙인데, 중독에도 똑같은 현상이 작용한다. 이윽고 만족을 느끼지 못하는 순간 또 하나의 빵이 주어진다면? 중독은 이제 고통을 완화시켜 주는 도구가 아니라 그 자체로 감옥이 된다. 마릴린 먼로가 약물 중독으로 죽음에 이르렀듯이, 팝의 황제 마이클 잭슨이 끊임없는 약물 과다 복용에도 불구하고 결코 현실의 고통을 이겨 내지 못했듯이, 중독은 결국 진정한 치유제가 되지 못한다.

## 마음 상처에 붕대를 감자

트라우마는 평생 치유되지 못하고 남아 있는 것이 아니다. 분명히 힘들지만 치료가 가능하다. 한때 영화로도 만들어져 우리나라에서 상영된 적 있는 《붕대클럽》이라는 일본 소설이 있다. 이 책은 상처 받은 사람들에 관한 이야기이다. 주인공인 와라는 아버지의 불륜으로 부모가 이혼하는 아픔을 겪는다. 그녀는 우연히 디노라는 남학생을 만나서 '붕대클럽'이라는 홈페이

때론 '접촉'이 어떤 해결 방법보다 나을 때가 있다.

상처 받은 개인과 가족을 상담할 때

가족치료사인 사티어는 신체 접촉을 권한다.

이유 없이 동생을 괴롭히던 아이의 부모에게

사티어는 몸으로 놀아 주고 마사지를 해 주라고 하였다.

3주 후 놀라운 변화가 생겼다.

서로 다투던 부부에게도 하루에 20분씩

손과 발을 마사지 해 주고

5분간 손을 잡은 채 서로의 눈을 바라보게 하였다.

그 부부 또한 서로를 원수 보듯 하던 관계가 달라졌다.

우리에게도 따뜻한 신체 접촉이 필요한 건 아닐까.

지를 만들어 상처 받은 사람들의 사연을 받고 그들의 상처를 치유해 주는 일을 한다. 붕대클럽 멤버들은 상처 받은 사람들로부터 의뢰를 받으면 즉시 현장으로 출동해 상처가 발생한 장소에 붕대를 감아 주는 의식을 벌인다. 그 부분을 카메라로 찍어 당사자에게 보내 주면 임무가 끝난다. 한번은 자살골을 넣어 고통받는 소년의 상처를 치유하기 위해 직접 현장을 찾아가 자살골을 넣은 골대와 공에 붕대를 감는다. 실연 당한 여학생을 위해 남자 친구와 헤어졌던 놀이터 그네에 붕대를 감아 주기도 한다. 붕대클럽 멤버들이 상처를 치유하기 위해 사용한 방식은 단순하다. 상처 부위에 직접 붕대를 감아 주는 것이다. 이는 트라우마 치료에도 필요한 방식이다. 트라우마를 해결하기 위해서는 상처 난 부위를 찾아내고 그 위에 붕대를 감아야 한다. 문제는 골대나 그네와 같이 정확하고 구체적인 장소를 우리 마음에서 찾아내는 일이다.

가족치료의 선구자로 여겨지는 가족치료사인 사티어*Virginia Satir*가 상처 받은 개인과 가족을 상담할 때 사용한 붕대는 '접촉'이었다. 사티어는 대화와 언어를 통해서만 상담을 하는 것이 아닌 직접 몸의 접촉을 통해 문제아와 문제 가족을 회복시켰다. 성격이 예민하고 까칠한 아이가 이유 없이 동생을 미워하고 괴롭혀 상담을 받으러 왔다. 사티어는 부모에게 3주 동안 문제 아이와 몸으로 놀아 주고 마사지를 해 주는 신체 접촉을 권했다. 3주 후, 놀랍게도 아이는 유순해지고 동생과 편안하게 관계를 맺었다. 관계가 악화된 부부에게는 하루에 20분씩 서로의 손과 발을 마사지하고 5분간 손을 잡고 서로의 눈을 바라보게 하자 부부관계에 변화가 왔다. 신체 접촉은 뇌의 접촉이고 뇌의 접촉은 결국 마음의 접촉이다. 마음과 소통하게 해 주는 몸의 접촉은 우리 몸에 각인된 트라우마의 기억을 해체시키고, 치유해 주며 회복력을 돕는 놀라운 결과를 가져온다.

우리 몸에 각인된 트라우마를 치료하기 위해서는 전문가의 도움이 필요하다. 클린턴이 르윈스키 사건으로 인해 그의 정치 인생과 결혼생활에 커다란 위기를 맞이하였을 때 클린턴 부부는 함께 부부상담을 받았다. 힐러리가 이혼을 택하지 않은 것을 두고 장래의 대통령을 꿈꾸는 그녀의 정치적 야심 때문이라고 해석하는 이들도 있지만 가족상담사로서 봤을 때 부부상담이 많은 영향을 미쳤다고 본다.

우리는 어떤 일에 부딪쳤을 때 스스로 어떻게 해야 할지 모르면 전문가의 도움을 받는다. 자동차가 고장 나면 정비소로 보낸다. 몸이 아프면 당연히 병원에 가서 치료를 받으려고 한다. 그러나 유독 마음의 상처에 대해서는 스스로 해결하려는 경향이 있다. 자동차가 수천 가지 부품으로 이루어진 정교한 기계라 하지만 그 자체로 하나의 소우주인 인체에 비견하기에는 어림도 없다. 또한 우리 몸이 아무리 복잡할지라도 사람의 마음만큼 심오하고 섬세할 수는 없다. 열 길 물 속을 아는 것보다 몸 속 한 뼘 안에 자리 잡은 우리 마음을 이해하기가 더 어려운 법이다. 트라우마를 혼자서 극복하기 어려울 때는 서둘러 전문가의 도움을 받는 것이 현명하다.

# 5장

# 너무나 익숙해서
# 편안한 불행

늘 불안하다는 여인이 상담실을 찾아왔다. 여인은 상담 의자에 앉아서도 잠시도 가만있지 못하고 안절부절못하였다. 연신 불안한 눈초리로 자기도 모르게 통장의 비밀번호가 바뀌었고 매일 수십 번 해커들이 자신의 메일을 공격한다고 호소했다. 자기도 모르게 집 열쇠가 바뀌었다든가, 수화기를 들기만 하면 이상한 잡음이 끼어드는 것이 분명 자기 전화가 도청되고 있다든가, 누군가 자기를 해하려고 노린다는 말도 여러 차례 되풀이했다. 이 말이 사실이라면 거대한 음모가 이 내담자를 둘러싸고 진행되는 상황일 것이다. 그러나 현실에서는 서스펜스 스릴러 영화 속에나 등장할 이런 상황은 거의 벌어지지 않는다. 여인이 어떤 정신적 문제를 앓고 있다고 진단할 수밖에 없다는 징후가 속속 드러난다. 상담이 진행될수록 이 여성이 갖고 있는 불안의 실체가 눈앞에 드러났다.

여인을 사로잡고 있는 것은 '남편이 혹시 나를 떠나지 않을까?' 하는 두려움이었다. 버림받는 것에 대한 불안이 그녀를 둘러싼 모든 일상에 대한 불안과 의심으로 확장되어 약간의 과대망상증으로 발전하고 있었다. 그래서 남편을 비롯한 모든 사람이 의심의 대상이 되고 자기 말을 아무도 알아주지 않으니 점점 심각한 상황으로 치닫고 있었다.

이 여인을 해하려 하거나 공격하는 이도 없었고 그녀의 남편 또한 이 여인을 떠나려는 생각은 꿈에도 없었다. 그런데 왜 그녀는 너무나도 절박한 불안과 의심 속에 자신을 옥죄며 하루하루를 힘들게 살아가는 것일까. 그녀에게 고통을 주는 문제의 실체는 외부에 있지 않다. 그것은 다름 아닌 그녀 자신 안에 똬리를 틀고 있었다.

## 버림받음에 대한 불안

자기가 사랑하는 사람이 언젠가 떠날지도 모른다는 불안을 토로하며 가족관계에 대한 상담을 의뢰하는 경우가 종종 있다. 내담자들은 가까운 사람이 죽을 것이라고 느끼거나 버림받을 것이라는 생각에 몹시 집착하곤 한다. 혹시 상대방이 화라도 내면 더 불안하여 '그것 봐, 내 생각이 맞았어' 하며 스스로를 더욱 힘들게 한다.

　이러한 불안은 혼자만의 기우로 끝나지 않고 때때로 현실화되기도 한다. 불안 때문에 가까운 사람에게 지나치게 매달리다 보니 상대방은 질리게 되는 것이다. 반대로 상대가 언젠가는 떠날지 모른다는 불안한 마음이 작용하여 상대방을 지나치게 엄격하게 대하다 관계가 멀어지기도 한다. 마음과 달리 상대에게 차갑고 무관심하거나 애교가 없어지는 경우인데 이는 자신이 상대에게 너무 빠져 버릴까 봐, 마음을 다 주고 버림받는 상황이 두려워 지레 자신의 감정을 통제하려는 행동이다.

　버림받음에 대한 불안은 어린 시절 트라우마로 인한 자기파괴적 행동이다. 상담하러 온 그녀도 어린 시절 아버지가 일찍 돌아가시면서 마음에 큰 상처가 남았던 것이다. 트라우마는 자기파괴적 행동을 유발한다. 이런 파괴적 양상은 과거의 불행을 계속 반복하게 만든다.

　우리가 어린 시절 상처를 받아 마음이 아픈 경우 아무리 좋은 배우자, 좋은 부모가 되려고 애를 써도 자꾸만 배우자와 아이들에게 상처를 주게 된다. 상대방에게 상처를 주고 있는 자신을 발견하고 죄책감에 사로잡혀 절망하거나 우울해한다. 그러면 그럴수록 가족들에게 과잉 행동을 하거나 지나치게 자기 감정을 억누르다가 한꺼번에 터뜨려 가족들을 더욱 힘들게 할 수 있다.

우리는 자라면서 특정한 역할과 대우에 익숙해져 있다. 만약 학대나 비난, 방치받는 환경에서 자랐다면 아이러니하게도 그런 환경에 처했을 때 가장 익숙하고 편안한 감정을 느낀다. 학대라고 하면 굉장히 심한 경우만 떠올리지만 사실 많은 부모들이 자신도 모르게 아이들에게 학대를 일삼고 있다. 아이들에게 쉽게 핀잔을 주고, 필요 이상으로 비난하여 아이의 자존심을 무너뜨리고, 지나치게 과잉 보호를 하여 아이가 스스로 아무것도 선택하지 못하게 하는 등 학대의 종류는 다양하다. 학대가 잘못된 것이고 하고 난 후 후회하면서도 일상적으로 일어나는 이유는 뭘까?

잘못된 행동 방식이지만 부모 자신이 자라난 환경과 가장 유사한 환경을 추구하고 조성하기 때문이다. 익숙한 환경을 추구하려는 본능은 어린 시절의 패턴을 반복하며 살아가게 한다. 이런 대처 방식은 모든 자기파괴적인 행동을 끊임없이 반복하도록 유도한다. 또한 어린 시절의 상황을 성인의 시기까지 연장한다. 그 결과 언젠가는 오랜 고통이 끝날 거라는 희망을 버리게 한다. 트라우마가 자신이 아는 세계관의 전부이고 거기에서 도망칠 수 없다고 단정 짓는다. 악순환의 고리가 생겨나는 것이다.

## 어린 시절 고통을 반복하려는 강박

어린 시절의 고통이 반복된다는 인식은 정신분석의 핵심 가운데 하나이다. 프로이트는 고통을 일부러 찾아다니는 듯한 환자들을 만나게 되었다. 그들은 자기파멸적 관계나 파괴적 행동들을 계속 반복하였다. 프로이트는 사람에겐 자기파괴 행동을 반복하는 강박이 있으며 어린 시절의 경험이 그렇게 이끈다고 보았다. 대부분의 사람들이 어린 시절의 부정적인 패턴을 반복한다. 상담사들은 이런 모순적인 현실에 자주 맞닥뜨린다. 왜 고통을 재현하는가? 왜 과거의 패턴에서 벗어나 더 나은 인생으로 나아가지 못할까?

격렬하게 부부싸움을 하던 중 남편 얼굴에 주먹을 날리고도 분이 풀리지 않아 컵을 깨서 남편의 등을 찌른 부인이 상담실을 방문하였다. 그녀는 무능하고 불성실한 남편을 도저히 참을 수 없었다. 남편을 때리고 찌른 것은 잘못이지만 원인 제공을 남편이 한 만큼 자기도 피해자라고 호소하였다. 상담을 하면서 그녀가 어린 시절 아버지에게 끔찍한 폭력을 당했음을 알 수 있었다. 아버지는 네 번이나 결혼했는데 그 네 명의 부인이 모두 가정 폭력을 이겨 내지 못하고 달아날 정도였다. 놀랍게도 아버지 역시 어린 시절 끔찍한 폭력의 트라우마를 경험한 사람이었다. 할아버지는 할머니에게 늘 폭력을 가했고 폭력을 당한 할머니는 끝내 자살로 생을 마감하였다. 할아버지는 아버지에게 늘 여편네는 맞아야 하며 자녀는 때려서 키워야 한다고 입버릇처럼 말하였다고 한다. 아버지는 할아버지의 가정 교육을 그대로 답습하여 너무나 끔찍한 가정 폭력을 휘둘렀다. 어린 시절 폭력의 피해자였던 아버지는 이제 가해자가 되었다. 그녀의 가족사 속에 존재하는 가정 폭력은 너무나 오랫동안 유지되어 온 불행의 반복이었다. 남편을 향해 불같이 화를 내고, 아주 거친 폭력도 서슴지 않았던 그녀의 분노 뒤에는 할아버지, 아버지에 대한 분노가 자리하고 있음을 알 수 있었다.

## 자기와의 대화

어른이 되어서도 과거의 불행한 패턴을 이어가는 것은 고통스러운 것이다. 펜실베이니아 대학 교수이며 우울과 불안 분야에서 탁월한 연구가인 인지치료의 선구자 아론 벡*Aaron T. Beck*은 이러한 불행의 반복적인 패턴을 도식*schema*이라고 불렀다. 도식은 사람들이 살아가면서 나름대로 발전시킨 자신과 세상을 이해하는 틀을 말한다. 사람마다 살아온 경험과 환경이 다르기 때문에 도식의 내용 또한 사람마다 달라질 수 있다. 문제는 도식의 내용이 부정적인 경우이다. 부정적인 도식은 심리 문제를 일으키는 근원적인 역할을 한다.

불행을 되풀이하는 강박을 치료하기 위해서는 지속적으로 자신의 행동 패턴을 발견하는 작업이 필요하다. 일정한 불행의 반복성이 발견되면 그러한 행동을 멈추기 위해 자신을 설득시켜야 한다. 무의식적으로 과거의 불행을 반복하려는 자신에게 말을 걸고 불행을 반복하려는 행동을 멈추라고 이야기해야 한다. 자신에게 이제 '스톱'이라고 외쳐야 한다.

30대 초반의 직장 여성을 상담한 적이 있다. 그녀는 어린 시절부터 가족 안에서 어머니, 아버지, 동생들이 서로 떨어져 나

가지 않도록 중간에서 중재자 역할을 하였다. 그녀는 사이가 안 좋은 부모님 사이를 오가며 늘 눈치를 살피며 살아왔다. 어머니가 힘든 결혼생활에 지쳐 있으면 위로해 주고, 아버지 앞에서는 애교를 떨며 긴장을 누그러뜨렸다.

그런데 정작 그녀는 자신의 인생을 잘 풀어가지 못했다. 혼기가 한참이 지나도록 마음에 맞는 남자를 만나지 못했다. 아니 못 만난 것이 아니라 남자들이 그녀를 거쳐 다른 여자에게로 가는 과정을 반복했다. 좋은 사람을 만나도 인생의 동반자로 삼기보다는 다른 이에게 소개하고 나서 아쉬워하고 후회하였다. 그녀는 자신의 신세를 한탄하며 "저는 간이 정거장일 뿐이에요"라고 자조적으로 말하곤 했다. 불행한 결혼생활을 하는 부모 사이에서 힘겨운 중재자 역할을 하면서, 자신도 모르게 결혼생활 자체에 불신이 생긴 것이 가장 큰 이유였다.

그녀가 직면한 문제를 해결하는 방법은 '이제 그만!' 또는 '스톱'을 외치는 것이다.

"혹시 나도 결혼해서 부모와 같이 불행한 결혼생활을 살지 않을까 하는 걱정이 들 때마다 자신에게 말을 걸어 보세요."

"어떻게요?"

"부정적인 생각에 사로잡힐 때마다 '이제 그만'을 자신에게 말해 보세요."

"그렇게 말한다고 해결될까요?"

"부모님처럼 불행한 결혼생활을 하지 않을까 하는 불안과 걱정이 있는 건 당연하지만 그 불안에 짓눌려 내 행복을 포기하지는 않겠다고 자신을 설득시켜야 합니다!"

내담자는 상담 초기엔 하루에도 수십 번 일러 준 대로 자기와의 대화를 시도했다. 그만큼 불안한 순간이 많았던 것이다. 그러다가 상담을 거듭할수록 자신을 설득하는 시간은 차츰 줄어들었다. 어느 순간 하루에 몇 번으로 그리고 다음에는 며칠에 한두 번 식으로. 조만간 그녀는 간이 정거장 역할을 그만둘 수 있을 것이다. 잠시 거쳐 가는 간이역이 아니라, 열차들이 모여드는 중앙역이 될 그녀의 모습을 기대해 본다.

## 6장

# 무관심한
# 남편의
# 비밀

태평양전쟁 당시 시드니 스튜어트*Sidney Stewart*는 일본군의 포로가 되어 필리핀 정글에 갇혔다. 그때 상식을 깨는 일을 겪었다. 그 열악한 환경에 놓인 포로들 중에서 가장 먼저 죽어간 사람은 다름 아닌 근육이 발달한 운동선수들이었다고 그는 말한다. 신체 강건한 그들이 극한 상황을 극복하고 끝까지 생존할 것 같지만 사실 그들은 평안한 상태에 적응된 사람들이다. 운동선수들은 항상 몸을 단련하기 위해 잘 자고 잘 먹고 적절한 시간 동안 운동하고 휴식하면서 지내온 사람들이다. 반면 극한 환경에서 가장 오래 생존하는 사람은 시인과 같은 부류의 다소 환상을 가진 이들이었다고 한다. 비록 신체는 빈약하더라도 자신을 둘러싼 혹독한 환경을 내면의 환상을 통해 이겨 내면서 현실의 고통에서 벗어날 수 있었던 것이다.

환상은 우리 인간이 고통스러운 상태에서 잠시 벗어나 마음에 좋은 감정을 유발시키는 도구이다. 현실의 고통이 주는 위기와 불안, 긴장, 무기력, 지루함 등으로부터 한숨 돌리게 해 준다. 이런 점에서 환상은 인간 스스로 만들어 내는 마약인 셈이다. 다만 약물의 도움 없이도 가능하다는 점에서 차이가 날 뿐이다.

## 현실을 잊기 위해 환상에 빠진다

미국의 심리학자로 《환상 유착The Fantasy Bond》을 쓴 로버트 파이어스톤Robert Firestone은 '사랑의 환상'이라는 방어기제가 있다고 말한다. 부모에게서 사랑받지 못한 자녀는 사막의 신기루와 같은 사랑의 환상을 만들어 스스로 위안을 받는다. 부모가 따뜻한 사랑과 관심을 주지 않아도 자기를 깊이 사랑한다고 믿는다. 그리고 부모가 아무리 무관심하고 냉정하더라도 자기와 부모 사이에 은밀한 애정이 있다고 믿고, 존재하지 않는 사랑의 관계를 만들어 내는 것이다.

가족상담사인 존 브래드쇼John Bradshaw에 따르면 사랑의 환상 방어기제를 사용하는 자녀는 자신의 가족과 부모를 이상화한다. 따라서 자신이 부모에게 거부당하고, 버림받고, 지나치게 간섭을 받는 이유를 자신이 나쁜 아이이기 때문이라고 생각한다. 모든 원인을 자기 탓으로 돌리면서 부모를 미화한다. 부모가 자신을 사랑하지 않았다는 것을 인정하는 것보다 자신을 탓하는 게 덜 고통스럽기 때문이다.

그런데 환상 방어기제는 어느 정도 성장한 후 현실에서 문제를 일으킨다. 자신을 때리고 학대한 아버지, 매를 맞는 자녀들을 보호해 주지 못한 무기력한 어머니를 환상 속에서 좋은 부모라고 생각함으로써 당장의 정신적 고통은 이겨 낼지 모르나 부모의 양육 방식과 결혼생활을 이상화하였기에 자라서 결혼을 한 뒤 부모의 삶을 그대로 재현할 수 있기 때문이다.

박 씨는 늘 아내로부터 '가족에 대해 무관심하고 자기 세계에만 빠져 있다'는 타박을 들었다. 그러나 그는 이 지적을 받아들이기 어려웠다. 자신은 아내를 사랑하고 아이들과 사이좋게 지내고 있다고 여겼기 때문이다. 박 씨는 어린 시절 가족 가운데 어머니와 유독 친밀했던 사람이 자신이었다고 말한다. 아버지가 일찍 돌아가셔서 남편을 대신해 가장 노릇을 한 어머니가 여러 자식들을 키우느라 지쳐 있었지만 그래도 자신을 끔찍이 사랑했다는 것이다. 그런데 어머니와 본인 사이가 어떻게 깊었는지 구체적으로 말해 달라고 했을 때 황 씨는 눈만 꿈뻑 거릴 뿐 바로 답을 하지 못했다. 박 씨는 한참을 망설이다가 대답했다.

"비록 어머니는 사랑을 직접적으로 표현하지 않았지만 그래도 저를 사랑하셨어요."

박 씨에게 사랑의 환상 방어기제가 작동하는 것은 아닌지 의심스러웠다. 나는 조금 더 말을 시켜 보았다.

"어머니가 저에 대한 사랑을 겉으로 표현하지 않았던 것은 형제들에게 저를 사랑하는 마음을 들키고 싶지 않아서였을 거예요. 저는 어머니를 이해해요."

나는 다시 현실의 문제를 물어봤다.

"그럼 당신은 아내나 아이들을 사랑한다는 것을 어떻게 표현하고 있나요?"

"표현하지 않아도 알 수 있지요. 저는 결혼 전이나 지금이나 아내를 믿고 사랑해요. 우리 사이에는 말하지 않아도 알 수 있는 깊은 애정이 있어요. 그런 걸 꼭 말로 표현한다는 게 더 이상한 거 아닌가요?"

심리학에서 환상은 고통을 잊게 해 주는 방어기제이지만 지나치면 정신분열을 가져올 수 있다고 본다. 우리가 현실과 환상 속을 오가며 적절히 이 두 경계를 잘 인식하면 고통에 대한 훌륭한 방어기제가 된다. 그러나 현실이 너무나 고달프고 힘들다고 계속 환상 속으로 숨어 버리면 결국 현실을 거부하고 정신분열에 이르기도 한다. 박 씨가 아내와 아이들이 원하는 따뜻한 말, 사랑스러운 포옹, 가끔씩 하는 소박한 외식 같은 간단한 실천을 하지 못하는 원인이 그의 지속된 환상 때문이었다.

## 형제 간 우애라는 가족 최면

정신분열은 현실을 거부하고 계속해서 환상 속에서만 머무르려는 상태를 말한다. 가족상담의 선구적 학자인 머레이 보웬Murray Bowen은 정신분열을 유발하는 가족은 가족 자아 undifferentiated family ego가 미분화 상태에 놓여 있다고 보았다. 이런 상태의 가족은 개별 구성원들의 자아가 서로 건강하게 분리되어 있지 못하고, 감정적으로 뒤엉켜 있으면서, 서로를 구속하는 애증관계에 얽혀 있다. 가족 자아가 미분화된 가족은 현실을 제대로 파악하지 못하고 일종의 가족 최면family trance 상태에 빠진다. 부당한 규칙, 부모의 잘못된 명령이 있을지라도 마치 최면에 걸린 사람처럼 순응하는 상태가 된다. 가족과

자신을 구분하지 못하기 때문에 가족이 원하는 바가 자신의 욕
구와 다르더라도 마치 자신이 원하는 것처럼 인식하고 가족 안
에서 발생한 부당한 일도 정상적인 것인 양 인식한다.

30대 후반의 이 씨가 급하게 상담을 요청하였다. 이 씨의 남
편은 삼형제 중 둘째로, 형제들 간의 우애가 남달랐다. 이 씨는
시어머니를 모시고 살고 있었다. 문제는 사업이 부도가 나면서
이혼까지 당해 오갈 데가 없어진 남편의 형이 찾아오면서 불거
졌다.

이 씨의 집은 방이 두 개밖에 없었다. 안방에 부부가 자고,
작은방을 아이들과 시어머니가 사용해 왔다. 사정이 딱하니 당
분간 시아주버니를 모시고 살게 된 것까지는 이 씨도 감수하려
하였다. 그런데 밤이 깊어 잘 시간이 되자 어이없게도 남편은
형님을 안방에 재우자고 하는 것이었다. 이 씨는 당황스러웠
다. 안방은 부부가 자는 곳인데 아무리 시아주버니라 해도 안
방에서 함께 자는 것은 곤란했다. 이 씨는 애들을 데리고 자고
형님을 시어머니와 함께 작은방에서 주무시게 하자고 설득했
지만 남편은 막무가내였다.

"형님은 우리 집안의 기둥인데, 어떻게 형님을 작은방에 모

셔, 당연히 안방에 모셔야지!"

할 수 없이 그날 밤 부인은 남편과 시아주버니와 함께 안방에서 잠을 자야 했다. 아침에 일어나서 남편과는 말이 통하지 않아 시어머니에게 사정을 이야기했지만 시어머니도 아무 말을 하지 않았다.

"우리가 에스키모 인도 아니고, 어떻게 아내가 있는 방에 형님을 모십니까? 그리고 안방에서 자라고 한다고 꾸역꾸역 들어와 자는 시아주버니도 이해가 안 되고, 시어머니의 침묵 역시 어이가 없어요." 눈물이 그렁그렁한 채 부인은 호소하였다.

이 씨 남편의 가족은 형제의 우애라는 환상과 현실의 경계를 구분하지 못하는 경우였다. 사실, 형님과 한 방에서 자야 하는 남편 역시 편하지는 않다. 그럼에도 막무가내로 함께 자야 한다는 남편의 주장은 남편과 그 형제들이 어린 시절부터 형제 간의 우애라는 가족 최면 속에서 살았기 때문이다. 이런 가족 안에 편입된 부인 이 씨는 외눈박이들 속에서 홀로 두 눈을 가진 사람이 되어 있었다.

환상은 언제든지 현실로 돌아올 수 있을 때에만 효과적으로 사용될 수 있다. 환상으로부터 현실로 돌아오기 위해서는 자신의 가족을 객관적으로 볼 수 있어야 한다. 우리 가족의 인정할 수 없는 불편한 진실, 즉 블라인드 스폿*blind spot*을 알고 있어야 한다. 블라인드 스폿은 원래 자동차의 사이드미러*side mirror*에 보이지 않는 사각지대를 가리키는 말이다. 가족 안에 보이지 않는 사각지대, 즉 불편한 진실을 대면하고 인정해야 한다.

우리는 어릴 때부터 부모를 통해서 알게 모르게 수많은 최면을 의식과 무의식에 형성한다. 부모의 가치와 신념을 무조건 믿으며 그것을 당연시 여기며 산다. 부모의 명령과 수많은 무의식적인 암시들, 즉 예를 들면 '너는 공부에 소질이 없어' '너는 언니보다 못해' '무조건 일찍 들어와'라는 말을 들으며 성장한다. 이런 관념들은 깨어질 때까지 절대적 최면으로 작용한다. 최면은 부모와 자녀 사이, 부부 사이에 서로 영향을 주고받으며 최면 상태를 더욱 강하게 만들기도 한다. 성장해서 집을 떠났을 때 그리고 가족으로부터 자신을 건강하게 분리할 수 있을 때 비로소 그 메시지에서 조금씩 벗어날 수 있다.

가족 최면에서 벗어나기 위해서는 열린 마음과 자세가 필요하다. 폐쇄적인 가족은 언제나 경직되어 있으며 무엇을 하면 안 되고, 무엇을 해야 한다는 엄격한 규칙을 갖고 있다. 또한 겉보기에는 화목해 보이지만 내부적으로는 알 수 없는 불편함과 긴장, 불안감이 상존한다. 가족 안에 넘을 수 없는 분명한 금기들이 존재하지만 이것을 어기거나 쉽게 말로 꺼낼 수 없기에 생기는 불안한 평화이다.

그러나 개방적인 가족은 융통성 있게 가족의 일상을 움직이기 때문에 가족 모두는 상황에 맞는 유연한 선택을 할 수 있다. 가족 간에도 감정적으로, 지적으로 건강하게 분리가 되어 있어 가족이 처한 현실을 제대로 볼 수 있다. 개방적인 가족이 되기 위해서는 무엇보다 동등하고 수평적인 부부관계가 이루어져야 한다. 서로의 결정과 선택을 존중하고 유연하게 서로의 차이를 이해할 수 있어야 한다. 부부 중에서 누군가 한 명이 일방적으로 주도하기보다는 상황에 맞게 각자 자기 역할을 수행하는 가족이 건강한 가족이다. 이런 환경 속에서 자녀들은 안정감과 편안함을 누린다. 마음속에서 우러나는 따뜻한 안정감을 지닌 사람은 환상의 방어기제가 필요 없다.

# 7장
# 내가 자란
# 가족으로의
# 회귀

밤하늘에 조그맣고 희미하게 반짝이는 별빛은 오늘 반사된 빛이 아니다. 수십만 광년 떨어진 별에서 출발한 빛이 지구에 오늘 도달한 것처럼 한 가족이 현재 보여 주는 모습은 이미 과거에 그 기원이 형성된 것이기도 하다. 따라서 가족관계는 수세대에 걸친 되풀이 패턴recurring pattern을 갖는다. 가족의 문제와 갈등이 한 세대에 그치는 것이 아니라 다음 세대까지 반복되는 것도 이러한 이유에서다.

결혼 전 인사차 처가에 들렀을 때 화장실을 쓴 적이 있다. 처갓집 화장실에는 우리 집에는 없는 물건이 눈에 띄었다. 가지런한 칫솔들 옆에 치약이 놓였는데, 치약 하단부에는 짜개가 달려 있었다. 그로부터 얼마 후 결혼을 하고 나자 아내는 신혼집 화장실을 자기 집 버전으로 꾸며 놓았다. 내가 처가에서 보았던 화장실 모습이 그대로 재현되었다. 내가 신기하게 보았던 치약 짜개를 붙여 놓은 것까지 똑같았다.

불행하게도 나는 치약을 아랫부분부터 위로 알뜰하게 짜서 쓰는 성격이 못된다. 아래든 위든 손에 닿는 대로 치약을 짜는 나에게 아내는 치약 짜개가 있는데도 왜 그런 식으로 쓰느냐며 신경질을 냈다. 사소한 습관의 차이로 그날 우리는 한바탕 크게 부부싸움을 했다. 사소하다고 했지만 신혼 초에 있었던 치약 사건은 사실 단순한 싸움이 아니다. 바로 결혼 이전의 서로 다른 가족 문화가 부딪힌 문화 충돌이었던 것이다.

우리는 모두 자신이 성장한 가족으로 회귀하려고 한다. 설령 그 가족이 비참했고, 늘 외로웠으며 불안했을지라도. 그곳은 너무나 익숙한 곳이기 때문이다.

헝가리 태생으로 1950년대 가족치료 운동을 일으키며 가족치료라는 전문 분야를 탄생시킨 선구자 가운데 한 사람인 보스조르메니 나지Ivan Boszormenyi-Nagy는 새로 탄생한 가족은 백지 상태에서 시작하는 것이 아니라고 말한다. 부부는 자신이 근본적으로 뿌리를 둔 가족 전통과 문화로부터 자유로울 수 없다. 각 배우자는 이전 세대의 가족 문화와 전통을 새로 시작하는 결혼생활로 가져온다. 그것이 좋은 것이든 불행의 씨앗이든.

## 자신도 모르게
## 가족에게 상처를 준다

몇 년 전 은행에서 겪었던 일이다. 월말이기에 은행은 많은 사람들로 붐볐다. 내 앞에는 한 엄마가 다섯 살쯤 되어 보이는 아이를 데리고 서 있었다. 시간이 지날수록 지루해진 아이는 엄마에게 보채며 칭얼거렸다. 엄마가 아랑곳하지 않자 아이는 응석을 받아 주지 않는 엄마에게 화가 났는지 엄마의 허벅지를 툭툭 치며 떼를 썼다. 그러자 엄마는 바로 정색을 하고 아이의 뺨을 때렸다. 갑자기 뺨을 맞은 아이가 울자, 주변 사람들의 시선을 의식한 엄마는 당황해 하면서 아이의 울음을 그치게 하려고 더 때렸다. 엄마에게 계속해서 뺨을 맞는 아이를 은행에 있던 모든 사람들은 안타깝게 지켜보았다.

그 엄마는 아이를 무시하고 폭력을 일삼는 나쁜 엄마일까? 만일 누군가 아이 엄마에게 "댁의 아이를 사랑하지 않나요?"라고 물었다면, 무슨 소리냐고 발끈하며 "함부로 말하지 마세요. 내 전부처럼 소중한 아이에요"라고 대답했을 것이다. 사실 아이가 위험에 빠진다면, 은행에 있던 그 많은 사람들 중에서 자기 목숨을 걸고 아이를 위해 뛰어갈 사람은 오직 그 엄마뿐이다.

아이를 사랑하는 엄마와 서슴없이 아이의 뺨을 때리는 엄마, 둘 가운데 어느 쪽이 진실일까. 답은 둘 다 진실이라는 것이다.

아일랜드의 토니 험프리스Tony Humphreys는 저술한 12권의 책이 25개 언어로 출판된 세계적으로 저명한 가족심리학자이다. 그는 30년 동안 폭행과 학대가 있는 수많은 문제 가족들을 상담했는데, 일부러 자녀와 배우자를 해코지하려는 사람은 단한 명도 보지 못하였다고 말한다. 거의 대부분 자신도 모르게 자녀와 배우자에게 실수를 하고, 상처를 가하여 가족들을 커다란 위기와 갈등에 빠뜨린다는 것이다.

가족을 마음대로 부려먹으려 하고, 자신의 욕구대로 조종하고, 쉽게 짜증을 내고, 꾸짖으며, 무시하는 행동을 하는 사람조차도 처음부터 그런 의도가 있는 것은 아니다. 그렇다면 이런 사람들은 왜 자신도 모르게 배우자와 아이들에게 함부로 행동하고, 상처를 주는가? 자신도 어린 시절에 그렇게 당하면서 자랐기 때문이다. 가족의 위기와 문제는 그 가족의 한계를 보여주는 것이다. 가족의 한계는 바로 태어나고 자란 가족의 환경에 의해 결정된다. 위기에 처한 가족을 살펴보면 많은 경우 자신도 모르게 이전 세대의 불행한 모습을 반복하면서 지금의 가족 안에서 이전 세대의 한계성을 고스란히 드러낸다.

## 부모의 불행을 반복하다

어린 시절 부모가 이혼하면서 버림받고 고아로 어렵게 자란 남자가 있다. 인터넷 채팅을 통해 여자를 만나 사귀면서 "나는 부모의 이혼으로 버림받았어. 하지만 나는 가족을 버리지 않고, 절대로 내 부모와 같은 인생을 살지 않겠어"라고 여자에게 진심을 토로하였다. 소중한 가정을 만들고 싶어 하는 남자의 열망에 반한 여자는 집안의 격렬한 반대를 무릅쓰고 결혼을 한다. 그러나 결혼생활은 참담했다. 남자는 결혼 전에는 잘 마시지 않던 술을 매일 마시고 들어왔고 아내를 욕하고 폭행하고 아들을 학대하였다. 더 나아가 아내의 몸을 담뱃불로 지지기까지 하였다. 여자는 이러한 절박한 상황을 친정에 알리지 못하였다. 가족의 격렬한 반대를 물리치고 선택한 결혼이었기에 아무 말도 할 수 없었던 것이다.

결국 여자는 결혼 15년 만에 아주 힘들게 이혼하였으나 6개월 뒤에 암 판정을 받고 사망하였다. 진심으로 소중한 가정을 꿈꾸던 남자를 믿고 결혼했지만 여자가 얻은 것은 불행한 생활과 암이 전부였다. 아버지를 괴물처럼 여긴 아들은 아버지와 함께 살기를 거부하고 외할머니에게 가 버렸다.

　고아로 자란 남자는 결국 자신의 소망과는 다르게 어린 시절의 가족 환경을 재현하고 말았다. 그는 지금 다시 한 번 고아가 된 셈이다. 결혼생활의 고통 속에서 암에 걸려 죽은 아내, 아버지를 원망하고 있는 아들, 모두가 그를 떠났다.

　어린 시절 불행한 가족관계를 경험한 사람들은 자신도 모르게 성인이 되어 과거의 경험을 재현한다. 불행한 가족관계 안에서 성장한 자녀들은 어릴 적 부모가 물려준 영향이 너무나 크다. 고통스러웠던 가족관계가 주는 스트레스와 불안감이 만성화되어 이런 부정적인 상태에 놓여 있을 때 오히려 편안해한다. 불안하게 매를 기다리기보다 차라리 매를 맞는 순간이 편안한 것처럼 즐거움, 행복감을 느끼면 너무나 불안해하면서 일부러 불행한 느낌, 고통, 불안한 감정으로 달아난다. 의식적으로는 불행한 가족관계로부터 벗어나려고 하지만 마치 자석에 끌리듯 무의식적으로 불행을 반복한다. 멀쩡해 보이고, 많이 배우고, 전문 지식을 쌓은 사람들도 자신의 가족 안에 흐르는 세대 전수의 굴레를 모른 채 역시 뒤틀린 가족관계를 반복한다.

　가족 문제의 세대 전수는 어떻게 끊을 수 있을까? 보웬은 문제에 직면한 사람들은 어린 시절의 가족을 객관적으로 살펴보는 것이 필요하다고 말한다. 자신의 결혼생활이 어릴 적 부모의 생활을 그대로 재현한다는 느낌을 받은 적이 있는지, 화가 나면 침묵하고, 불같이 성질을 내고, 비꼬는 말투로 응수하고, 욕설을 하고, 남과 비교하고, 협박투로 말하는 등 부모가 했던 행동을 그대로 반복하고 있지는 않는지 되돌아봐야 한다. 어린 시절로 되돌아가 당시 아이로서 경험했던 공포, 수치심, 분노, 무력감 등을 직면해야 한다. 이를 통해 자기도 모르게 나타나는 어린 시절 익숙했던 행동들이 자녀와 배우자에게도 자신이 아이 때 느꼈던 비참한 감정을 심어 주고 있음을 깨닫고, 그런 경험을 누구에게도 물려주지 않겠다는 다짐을 해야 한다.

# 감추고 부정할수록
# 더 커지는 상처

트라우마*trauma*는 외상 후 스트레스 장애로 마음에 난 정신적 상처를 말합니다. 그렇다고 마음의 상처를 모두 트라우마라고 하는 것은 아닙니다. 우리가 날카로운 것에 살짝 손을 베었을 때를 떠올려 보면 당장은 아프고 피가 흐르지만, 잘 지혈하고 감싸 준 뒤 며칠이 지나면 언제 그랬냐는 듯 상처가 아뭅니다. 그러나 깊이 베인 상처는 쉬 낫지도 않을뿐더러 치료가 끝난 뒤에도 두고두고 흉이 남습니다. 심리학에서 트라우마라고 할 때는 이처럼 지속적이고 어쩌면 항구적일 수도 있는 마음속 깊은 상처를 말합니다.

트라우마는 익명의 대중이 붐비는 전철이나 공공장소보다 가정에서 더 자주 발생합니다. 가족은 한 번 우연히 마주치는 사람들이 아닙니다. 지하철에서 접촉한 불쾌한 사람을 다시 만날 확률은 희박하지만, 가족은 싫든 좋든 평생 함께해야 합니다. 어쩌면 이것이 가족심리학이 별도로 필요한 중요한 이유입니다.

한 조사에 따르면 서구에서는 열 살 이전의 네 아이 중 한 명 꼴로 트라우마로 힘겨워하며 성인 두 사람 중 한 명이 트라우마로 인해 고통스러운 삶을 살아간다고 합니다. 아주 운이 없거나 극히 예외적인 경우에만 트라우마가 생기는 것이 아닙니다.

저명한 프랑스 신경정신과 의사 보리스 시륄니크Boris Cyrulnik 는 트라우마는 피해자의 기억 속에 새겨져 마치 그를 따라 다니는 유령처럼 그 사람의 일부가 된다고 말합니다. 트라우마를 만든 사건은 일회적이었을지라도 피해자에게는 매일, 때로는 하루에도 수십 번 그때의 생생한 감정이 치밀어 오릅니다. 특히 성인기보다 는 어린 시절 트라우마의 경험이 인생에서 매우 중요한 영향을 미 칩니다. 시륄니크는 그의 저서 《유령의 속삭임》에서 트라우마에 대처하는 자세가 상반된 두 인물을 분석한 바 있습니다. 심리학적 으로 흥미로운 연구 대상이기도 한 두 사람을 만나볼까요.

## 만인의 연인에게 숨겨진 비극

노마 진 모턴슨Norma Jeane Mortenson은 36세로 짧은 생을 마감 한 아름다운 여인이었습니다. 16세에 처음 결혼했지만 4년 만에 이혼했고 두 번째 결혼 상대는 아직까지도 미국인들이 '야구 영웅'으로 가장 먼저 떠올리는 전설의 타자 조 디마지오였습니다. 야구 영웅과 헤어진 뒤 만난 세 번째 남편은 《세일즈맨의 죽음》으로 유명한 아서 밀러입니다. 결혼까지 가지는 않았지만 천재 과학자 아인슈타인도 그녀와 사랑을 나누었던 사실이 밝혀졌습니다. 이제 누구인지 감이 오지요. 그녀는 바로 마릴린 먼로입니다. 타고난 미모로 사진 모델과 영화배우로 활동하면서 마릴린 먼로로 이름을 바꾼 것입니다. 출연한 영화마다 히트하면서 그녀는 곧 할리우드와 브로드웨이 최고의 스타로 떠올랐습니다. 동시대 남성들의 영원한 연인이자 섹스 심벌이었고 사후 약 60년이 지난 지금까지도 아름다움과 백치미의 상징으로 남아 있습니다.

그러나 그녀의 삶은 놀랄 만큼 비극적입니다. 미혼모였던 먼로의 어머니는 알코올 중독으로 정상적인 자녀 양육이 불가능했습니다. 먼로는 일찌감치 고아원에 맡겨졌습니다.

최근에 읽은 동물학 책에 따르면 주인이 두 번 이상 바뀐 경험을 한 애완견은 더 이상 애완견 역할을 하지 못합니다. 버림받은 충격으로 지나치게 우울하거나 공격적인 성향을 갖기 때문입니다. 강아지도 그러한데 사람은 어떠할까요? 먼로는 어린 시절 생모에게 버림받고 여러 고아원과 몇 곳의 위탁 가정에 연달아 맡겨졌습니다. 어느 한 곳에서도 사랑받지 못하고 여러 곳을 전전했으며 아홉 살 나이에 이웃 아저씨에게 성폭행을 당하기도 했습니다. 조금 더 성장하자 주위의 남자들은 그녀를 성적 대상으로만 대했습니다. 그녀는 주변 남자들에게서 따뜻한 사랑과 돌봄을 찾았지만 안타깝게도 그녀를 농락하고 이용해 먹으려는 사람들만 주위에 우글거렸습니다.

성장기가 불우했을지라도 배우로 성공한 뒤 먼로가 가진 아름다움과 스타로서의 명성은 오히려 남자들을 쥐락펴락할 수 있는 놀라운 무기가 될 수도 있었는데 먼로는 그러지 못했습니다. 그녀는 어린 시절 받지 못한 사랑을 남자들에게서 보상받으려 했고 그것은 덫이 되었습니다.

심리학자 앨리스 밀러*Alice Miller*는 어린 시절 부모에게 사랑을 받지 못한 사람은 나이가 들수록 더욱 채워지지 못한 사랑에 집착한다고 말합니다. 먼로는 집착하면 할수록 더욱 상처를 받았습니다. 숱한 염문에도 불구하고 세기의 연인인 먼로는 끝내 약물 과다 복용으로 힘든 삶을 마감했습니다. 버림받음의 트라우마를 경험하지 않으려고 몸부림쳤지만 결국 더 큰 상처를 받았습니다. 그렇다면, 이 가여운 여인이 트라우마로부터 벗어날 방법은 없었을까요? 그녀가 상처의 수렁에 빠지지 않고 건강하고 주체적인 인생을 살아가기 위해서는 불행으로 인해 손상된 자아상을 회복하는 것이 필요했습니다.

'어린 시절이 불행했다고 성인이 되어서도 반드시 불행한 것은 아니야!'

'엄마의 외로운 삶에 가슴이 아프고 아버지의 불성실함에 화가 나지만 나는 달라. 나는 엄마와 같은 삶을 반복하지는 않을 거야.'

먼로는 스스로 자아상 회복을 위해 이런 주문을 외우며 자기존중을 이끌어 내려고 노력했어야 합니다.

## 트라우마를 극복한 미운 오리새끼

어린 시절 트라우마를 가진 사람이 먼로처럼 다 비극적인 삶을 사는 것은 아닙니다. 대표적으로 동화 작가 안데르센이 있습니다.

1805년 그는 매춘부의 아들로 태어났습니다. 포주인 외할머니는 딸을 억지로 길거리로 내보내 돈을 벌게 했습니다. 딸이 안 가려고 하면 뺨을 때려서라도 몸을 팔 것을 강요했습니다. 매춘을 하던 도중 임신이 된 그녀는 집을 뛰쳐나와 한 남자를 만나 결혼을 하였습니다. 그러나 군인이었던 남편은 광기의 발작 속에서 자살하였으며 그녀도 알코올 중독으로 사망합니다. 안데르센의 어린 시절은 중독, 폭력, 매춘, 가난으로 점철되었습니다. 한 인간의 출발점에서 이보다 더 불행한 조건을 갖춘 이가 또 있을까 싶습니다. 그러나 이런 암울한 조건에서 안데르센은 먼로와는 다른 삶을 선택합니다. 비록 불행한 가정사를 가졌으나 글을 배우고 시를 쓰면서 새로운 문화에 눈을 떴습니다. 그에게 관심을 가져 준 이들과 교감을 나누고 창작의 기쁨 속에 과거의 그림자를 다스릴 줄 알았습니다.

그는 결코 과거의 불행을 회피하지 않았습니다. 그의 문학 작품에는 불행과 행복이라는 두 세계가 모두 공존합니다. 만일 그가 어린 시절의 불행을 저주하는 데만 몰두했다면 그의 아름다운 동화 작품들은 세상에 나오지 못했을지도 모릅니다.

불행한 과거에 사로잡히지 않고 행복을 향한 날갯짓을 결코 포기하지 않았던 안데르센의 내면을 가장 잘 반영한 작품이 대표작 《미운 오리새끼》입니다. 미운 오리새끼는 주변으로부터 따돌림 당하고 무시당하는 슬픈 과거를 지녔습니다. 안데르센은 이 불행을 없는 일로 지우려 하지 않습니다. 불행을 인정하고 행복으로 향하는 노력을 포기하지 않았기에 마침내 백조로 변한 '미운 오리새끼' 이야기를 쓸 수 있었습니다. 그것은 안데르센 자신의 자전적 이야기이기도 합니다.

안데르센도 어린 시절의 아픔이 있지만 다른 선택을 했습니다. 안데르센은 그의 힘든 어린 시절에만 머물지 않았습니다. 현실의 고통을 단순히 지워 버리고 싶은 기억으로만 치부하지 않고 행복으로 가기 위한 여정이라는 적극적 관점을 가졌습니다. 자신의 트라우마와 불행을 다른 관점에서 바라보았기에 안데르센은 《성냥팔이 소녀》《미운 오리새끼》《인어공주》같은 슬프면서도 따뜻한, 깊은 여운을 남기는 명작 동화를 남길 수 있었습니다. 안데르센이 자신의 불행에 긍정적인 의미를 부여한 것은 일종의 관점의 변화이자 가치관의 변화, 즉 패러다임paradigm의 변화입니다. 상처와 불행을 치유하는 데에는 이렇게 패러다임의 변화가 꼭 필요합니다.

## 똥떡, 상처 치유의 지혜

'똥떡'은 오늘날처럼 과학과 심리학이 발달하지 않았던 시대에 우리 조상들이 트라우마에 대처하는 지혜를 엿볼 수 있는 풍습입니다. 똥떡은 어린이가 변을 보다가 똥통에 빠졌을 때 부모가 급하게 만들어 주는 떡을 말합니다. 구덩이를 파서 만든 똥통, 즉 재래식 변소에서 어린아이가 변을 보다가 빠지는 일이 비일비재했고 목숨을 잃는 경우도 생기곤 했습니다. 어린아이가 똥통에 빠지면 얼마나 놀라고 두렵겠습니까. 혐오스러운 냄새, 수치스러움과 불안감까지 뭉쳐져 아이는 변소 가는 일에 대해 커다란 두려움을 갖게 됩니다. 그렇다고 변소에 안 갈 수도 없는 일. 변소에 갈 때마다 아이는 똥통에 빠졌을 때의 불쾌하고 공포스러운 기억을 떠올리게 됩니다. 트라우마가 증폭되는 과정입니다.

현명한 부모들은 이런 아이의 마음을 헤아려 재빨리 집에 있는 재료로 똥떡을 만들었습니다. 똥떡으로 부모들은 제를 올려 부정한 귀신이 타지 않기를 빈 뒤 온 동네에 나누어 주었습니다. 아이는 직접 떡을 들고 동네를 돌며 '똥떡, 똥떡' 하고 크게 소리를 칩니다. 예기치 않은 간식거리를 받아든 이웃들은 아이에게 좋은 덕담을 해 주기 마련입니다. '녀석 놀랐겠구나' 하며 머리도 쓰다듬어 줍니다. 아이는 이웃들로부터 관심과 격려를 받으면서 자연히 똥통에 빠진 황당한 경험을 대수롭지 않은 일로 극복하게 됩니다. 바로 이것이 심리학에서 말하는 '직면'입니다. 자신이 경험한 현실을 외면하거나 없었던 일로 애써 피하는 것이 아니라 당당하게 마주 보는 것을 말합니다. 똥떡은 변소에 빠진 아이의 불안, 수치, 공포를 치유하는 놀라운 트라우마 치료 메커니즘이었던 것입니다.

이쯤 되면 왜 똥떡이 특별한 재료나 형식 없이 급하게 만들어졌는지도 짐작할 수 있습니다. 조상들은 사건이 발생한 즉시 똥떡을 만들어 아이의 상처가 더 깊어지기 전에 회복시키려 했던 것입니다. 아이는 부모가 만들어 준 똥떡을 통해 놀란 마음을 진정시키고 다음 날 다시 변소에 갈 수 있었습니다.

## 무엇보다 직면하는 것이 중요하다

트라우마 치료는 가능한 한 빠른 시간 내에 무엇보다 직면을 통해 이루어져야 합니다. 핵심은 가족의 따뜻한 배려와 공감, 적극적인 관심입니다. 조상들이라고 해서 모든 가정에서 똥떡을 만들지는 않았을 것입니다. 아마도 자녀를 소중하게 여기는 가정에서 내려온 전통이었을 것입니다.

모든 트라우마의 치료에는 이러한 '똥떡'이 필요합니다. 트라우마를 입으면 우리 마음은 자동으로 방어기제를 작동시킵니다. 그런데 이 방어기제는 상처를 치유하는 것이 아니라 은폐하고 회피시키는 데 불과하기 때문에 근본 해결책이 되지 못할뿐더러 대개 일을 더 키우곤 합니다. 따라서 방어기제가 작동하기 전에 트라우마에 대한 조기 치료가 이루어져야 합니다. 트라우마 피해자에 대한 따뜻한 배려와 공감, 지지는 직면이라는 힘든 과정에서 드러나는 상처를 아물게 하는 힘으로 작용합니다.

이상적인 결혼은 배우자들의 분화 수준이 높고
자율성을 갖고 정서적인 사랑을 할 수 있는 상태이다.
–

머레이 보웬Murray Bowen

2부

# 배우자 선택의
# 숨은 이유

# 8장

# 나와
# 비슷한 사람에게
# 끌린다

첫눈에 운명처럼 끌리는 사랑이 있다. 우리 고전 문학에는 이 도령과 성춘향의 만남이 그랬고 서양 문학에는 만나서는 안 될 원수 가문의 청춘 남녀 로미오와 줄리엣이 그러했다. 그러나 대부분의 사람들은 대개 서로에게 호감을 느껴 가는 과정이 필요하다. MT나 수련회를 가면 흔히 밤에 캠프파이어를 벌인다. 활활 타오르는 불을 가운데 놓고 동그랗게 모여 밤새 놀다가 새벽녘이 되면 어느덧 불길은 잦아들고 숯으로 변한 잔불들만 남는데, 이때 고구마나 감자를 툭툭 던져 넣는다. 다 꺼진 잿더미 속에서 언제쯤 익을까 싶지만 지긋하게 기다리다 보면 어느새 고구마는 속살까지 노랗게 잘 익어 실컷 노느라 헛헛해진 속을 채우기에 안성맞춤인 상태가 된다. 이처럼 남녀의 만남도 시간과 교감이 쌓이면서 지긋이 익어 가는 사랑의 유형이 더 많다. 이런 과정을 깔끔하게 그린 작품으로 <해리가 샐리를 만났을 때>라는 영화가 인상적이다.

막 대학을 졸업한 남자 해리와 여자 샐리가 고향 시카고를 떠나 뉴욕으로 올라가는 길에 만난다. 두 사람은 가치관과 습관에 차이가 많다. 이를테면 '남녀 간에도 우정이 가능한가'라는 주제 하나를 놓고도 설전을 벌이면서 서로 한치의 양보도 없다. 이들이 뉴욕에서 자리를 잡고 각자의 생활에 몰입한 사이 어느덧 5년의 시간이 흐른다. 해리와 샐리는 그 사이 정치 자문가와 기자로 자리를 잡았다. 이들은 각각 실연의 아픔을 겪으며 서로를 위로하다가 편한 친구 사이가 되어 간다. 그리고 친구로 지내던 어느 날 결국 서로의 존재에 눈을 뜨고 사랑을 고백하기에 이른다는 정통 로맨스 영화이다.

이 영화는 개봉된 지 20년이 지났음에도 지금까지도 많은 팬을 거느리고 있다. 이유는 남녀관계 심리의 전형적인 모습을 잘 묘사했기 때문이다. 처음에는 만나기만 하면 티격태격 하던 해리와 샐리가 어느 순간 서로에게 급격하게 호감을 느끼는 순간이 오는데, 많은 연인들이 이런 과정을 경험한다.

만난 지 얼마 안 된 남녀가 이야기를 하다가 두 사람이 자라 온 배경이 너무나 비슷하다는 것을 알게 된다. 알고 보니 가까운 중·고등학교를 다녔고 비슷한 습관을 지녔다. 이를 확인한 순간 두 사람의 마음에는 서로에 대한 호감이 급상승한다. '어디 있다가 이제 나타난 거야?'라는 느낌이 확 다가온다.

그런데 심리학적으로는 두 사람이 서로에게 강한 호감을 갖게 된 것은 사실 상대방 자체에 대한 호감보다는 자기 자신들의 모습을 상대에게서 보았기 때문이다. 그래서 프로이트는 사랑의 본질은 나르시시즘, 즉 자기애라고 말한다.

남녀가 서로를 낯설게 여기지 않으면, 즉 상대에게서 자신의 익숙한 모습을 발견하면 편안해지고 끌리는 것이 사랑의 일반적 법칙이다. 우리는 배우자를 선택할 때 외형적인 모습에만 끌리지 않는다. 그 사람의 능력, 외모, 성격, 학벌, 집안 배경, 종교 등 여러 가지를 판단하는 것으로 보이지만 밖으로 드러나는 부분보다 더 중요한 것이 있다. 우리는 무의식적으로 어린 시절에 경험한 내 가족의 모습을 재현해 줄 사람에게 강하게 끌린다.

## 그녀가 킹카를 버린 이유

한 여성에게 소위 킹카급 남성이 관심을 보였다. 이 남자는 요즘 20대가 그렇게 부러워한다는 대기업 정규직 사원이다. 집안 배경도 괜찮고 무엇보다 반듯한 외모에 성격까지 따뜻하다. 주변 친구들은 킹카가 제 발로 다가오니 얼마나 좋겠느냐며 부러워하고 샘을 낸다. 그런데 막상 당사자인 그녀는 킹카가 자신에게 다가와 친절을 베풀어도 경계심이 생겼고 함께 데이트를 하는 매 시간 마음이 편하지가 않았다. 혹시 자신의 단점이 드러나서 상대방을 실망시키면 어쩌지? 늘 불안하고 긴장해야 했다. 여성이 가진 불안과 긴장은 자연히 남자에게 전달되기 마련이다. 남자는 여자의 경직된 태도, 친밀해지기 어렵게 만드는 여러 방어적인 모습을 보면서 그것이 자기에게 별로 호감과 신뢰가 없기 때문이 아닐까 의심했다. 결국 그는 점차 실망하고 멀어져 갔다. 떠나가는 남자를 보고 여성은 아쉬운 마음도 있지만 한편으로 오히려 다행이라는 생각도 들었다. 좋은 사람이라는 것은 알지만 함께 있을 때 늘 긴장되고 무엇보다 맘이 불편했기 때문이다.

얼마 후 이 여성에게 또 다른 남자가 다가왔다. 이번에는 외모, 성격, 능력 모두 대단히 함량 미달인 남자였다. 이 남자의 접근에 친구들은 당장 멀리하라고 난리가 아니다. 그런데 그녀의 반응은 킹카를 만날 때와는 사뭇 달랐다. 새 남자는 여자를 대하는 태도도 거칠고 앞날도 막막한 사람이지만 왠지 낯설지 않고 함께 있을 때면 예전에 사귀던 남자와 달리 긴장을 하지 않아도 되었던 것이다. 남자가 가진 익숙함과 편안함에 이끌려 그녀는 어느새 결혼을 향하여 가고 있었다.

"우리 집에 있는 남자들과 비슷한 느낌이었어요."

상담을 하면서 어떤 편안함을 느꼈느냐고 묻자 그녀는 이렇게 대답했다. 그녀는 가정 폭력을 행사하던 아버지와 알코올 중독자인 오빠가 있는 집안에서 자랐다. 새롭게 만난 남자가 주는 편안함은 그녀의 무의식 속에 자리 잡은 아빠와 오빠의 모습에 익숙했기 때문이었던 것이다.

우리는 익숙하고 친숙한 것에 편안해하고 이끌린다. 어린 시절 가정에서의 경험만큼 익숙한 것도 없다. 그래서 배우자를 선택할 때에도 자신이 인식하지 못하는 사이에 상대방을 통해 어린 시절 경험한 가정의 모습이 재현되기를 바란다. 이것을 귀향증후군the going home syndrome이라고 부른다.

어린 시절 가족의 경험이 긍정적이든 부정적이든, 우리는 종종 어린 시절에 경험했던 것과 비슷한 상황을 재현해 줄 사람을 선택한다. 많은 청춘 남녀들이 좁고 갑갑하며 미래가 보이지 않는 고향이 싫다며 대처로 떠난다. 그렇게 올라온 도시에서 직장을 구하고 결혼을 하고 나이가 들어가면서 어쩌다 한 번씩 다시 고향을 찾는다. 그런데 아이러니하게도 다시 찾은 고향에서 떠나온 이들이 느끼는 감정은 싫다고 버리고 온 지겨움이나 갑갑함이 아니라, 편안함과 마땅히 있어야 할 곳에 돌아온 듯한 안정감이다. 어린 시절에 가족이 원만하지 못했을지라도, 비록 그 안에 폭력, 무관심, 냉담, 갈등이 존재했더라도 그곳은 한 인간이 고향에 대해 느끼는 마음과 비슷한 감정이 생길 수밖에 없다.

그리하여 어린 시절 부모가 가정에 무관심하여 늘 외롭게 자라온 이들은, 의식하지 못하는 사이 자신을 무관심하게 대하고 그로 인하여 외로움을 느끼게 만들 사람을 배우자로 선택할 가능성이 높다. 자랄 때 가족들로부터 비난받고 무시당한 사람 역시 마찬가지다. 이러한 과정을 통해 우리는 어린 시절의 가족과 집으로 돌아가고 있는 것이다.

결코 좋은 기억이 아니었음에도 왜 어린 시절 가족의 모습으로 돌아가 힘든 인생살이를 반복하는가? 어린 시절 풀지 못한 가족 간 갈등의 고리를 다시 한 번 풀고자 하는 무의식이 작용하기 때문이다.

## 아내는 나의 흑기사

내가 아내를 만난 것은 기숙사에서 생활하며 대학원에 다닐 때였다. 어느 날 상당히 멋진 여학생이 나를 만나고자 한다는 이야기를 친구에게 들었다. 친구의 주선으로 얼떨결에 우리는 첫 만남을 가졌고, 그로부터 7개월 만에 결혼에 이르렀다. 공부에만 파묻혀 사교성도 활달함도 부족하고 외모도 그다지 매력적이지 않은 내게 아내가 먼저 접근해 왔다고 하면 주변 사람들은 대개 농담이라고 생각한다. 하긴 나조차도 그 사실이 신기할 정도이니….

결혼생활을 시작한 지 한참 뒤에야 아내에게 왜 나를 선택했는지 물었다. '성실히 공부하는 모습이 좋아 보여서' 정도의 대답을 기대했는데, 아내의 말은 의외였다.

"교정의 가로수 길을 누군가 걷고 있는데 그 뒷모습이 너무나 처량하고 쓸쓸해 보였어. 어쩌면 그렇게 기운도 없이 터덜터덜 고개를 숙이고 걷는지. 저 사람을 내가 꼭 보호해 주어야겠다는 생각이 갑자기 들던데?"

아내의 말을 듣는 내 기분은 썩 좋지 않았다. 한편으로 생각하면 내가 그만큼 불쌍해 보였다는 말인데, 이것은 부인할 수 없는 사실이었다. 당시 나는 너무나 외로웠고 이 상태에서 벗어나려고 발버둥을 쳤고 마음이 다급하니 내가 마음이 가는 여성에게는 번번이 차이고 상처 받기를 반복하고 있었다.

아내와 만나면서 나는 정서적 안정을 찾고 미래를 위한 준비를 착실히 할 수 있었다. 아내는 외로운 처지의 나를 구해 준 흑기사였다. 그런데 아내는 왜 그렇게 초라하고 쓸쓸해 보이는 나를 선택했을까. 여자들에게 모성적 보호 본능이 있다고는 하지만 얼마든지 매력 있는 남학생들이 많았을 텐데 말이다. 궁금했던 그 이유를 나는 심리학을 공부하면서 알게 되었다. 아내 역시도 나를 통해 가족 관계의 재현을 바랐던 것이다. 무의식중에.

나중에 알게 된 사실이지만 장모님 또한 평생을 장인어른의 흑기사 노릇을 하고 사셨다. 결혼 초 처가의 이사를 도우러 간 적이 있다. 일꾼들이 가구며 집기를 옮기며 어디에다 놓을지 장인에게 물으면, 장인어른은 "나는 몰라, 집사람에게 물어봐요" 하며 손을 저을 뿐이었다. 그 모습이 단적으로 보여 주듯이 장인은 매사에 스스로 결정하지 않고 언제나 경제적으로나 정서적으로 장모에게 의지하였다. 고등학교 교사였던 장인은 꿈을 펼쳐보겠다며 학교를 그만두고 여러 사업에 손을 댔다. 그러나 이재에 밝지도 않고 학생들을 가르치는 지식이 전부인 분이 사업을 잘 풀어갈 리가 있으랴. 벌이는 일마다 손실이 나고 문제가 터졌는데, 그럴 때마다 장모님이 남편 대신 나서서 은행과 사업 관계자들을 만나 뒷수습을 하시곤 했다는 것이다.

아내가 초라한 모습에 자신감도 없고 미래조차 불안한 학생 신분의 나를 남편감으로 택한 것은 바로 내게서 어린 시절 익숙했던 가족 환경을 재현해 줄 상대를 발견했기 때문이다. 바로 귀향증후군이었다. 아내는 나를 만나기 전 경제적으로도 안정되고 집안도 좋은, 여러 가지로 조건이 괜찮은 남자들을 거부해서 부모와 실랑이를 하고 있었다. 좋은 혼처를 다 마다하고 결국 나 같은 서생을 택했으니 아내는 장인 장모의 속을 무던히 썩인 셈이다. 아내는 장녀로 자라오면서 아버지의 우유부단함과 그로 인해 고생하는 엄마의 모습을 보아 왔다. 어머니가 늘 흑기사 역할을 할 때마다 안타까움과 아버지에 대한 실망감을 느꼈지만, 정작 자신이 배우자를 선택할 때에는 결국 그렇게 지겨워하던 부모님의 관계를 재현해 줄 사람에게 마음을 빼앗기고 말았던 것이다.

# 귀향증후군에서 벗어나려면

결혼생활이 불행한 부모 밑에서 자란 자녀는 부모와 유사하게 원만하지 못한 결혼생활을 할 가능성이 높다. 가족상담사 보웬은 불행한 결혼의 세대 전수는 잘못된 배우자의 선택에서 시작된다고 말한다.

그럼 어린 시절 불행한 가족관계를 재현하려는 귀향증후군에서 벗어날 방법은 없을까. 어린 시절의 가족을 거리를 두고 바라볼 필요가 있다. 그곳에서 경험한 감정에 용기 있게 직면하는 것이 출발점이다. 킹카급 남자를 마다한 앞의 여성이 후회하지 않을 선택을 하려면 먼저 자신의 가족을 객관적으로 바라보아야 한다. 그리고 여기에서 자신이 얼마나 상처를 받았고 힘들었는지 자신의 감정을 제대로 헤아려야 한다. 이렇게 자신과 가족을 들여다보는 작업을 하고 나면 배우자의 선택과 만남 속에서 발생하는 불안과 긴장에 좀 더 초연할 수 있다. 그녀가 이런 과정을 거쳤다면 잘못된 배우자 선택만큼은 충분히 예방되었을 것이다.

결혼생활을 하면서 아내는 종종 나에게 속았다는 말을 하곤 한다. 결혼 전 나는 영락없이 자신의 보호가 필요한 사람처럼 보였는데 막상 결혼하고 나니 너무나 다른 모습이라는 것이다.

"그러셔? 그럼 당신은 내가 여전히 보호해 줄 누군가를 기다리는 불쌍한 인생이었으면 좋겠어?"

농담으로 이렇게 말을 던지면, 아내는 웃으며 고개를 도리도리 젓는다. 지금 아내는 서로 자립적인 우리 부부의 생활에 만족하고 있다.

어린 시절 가정을 재현하고자 하는 무의식이 아내로 하여금 나를 배우자로 고르게 만들었지만, 결혼생활을 하면서 아내는 장인 장모와 같은 관계가 결코 바람직하지 않다는 사실을 인정하는 용기가 생겼다. 이제 아내는 귀향증후군에서 벗어난 것이다. 물론 덕분에 나는 든든한 흑기사를 잃은 셈이다. 대신 서로의 장단점을 제대로 바라보고 부족함을 보완해 주면서 인생길을 함께 걸어 갈 진정한 반려자를 비로소 만난 것이기도 하다.

# 9장

# 상처를 피하려다
# 더 큰 상처를
# 만나다

남편의 외도로 고민하던 30대 여성이 있었다. 이 여성의 아버지는 잘생긴 미남에다가 경제적 능력도 뛰어난 분이었다. 미남에 돈까지 많으니 주변에 여자들이 끊이질 않았다. 한창 때는 팔도에 집이 하나씩 있을 정도였다고 한다. 그녀는 언제나 외로워하던 엄마를 보았다. 저녁식사를 정성껏 준비해 놓고 밤늦도록 돌아오지 않는 남편을 기다리던 엄마의 뒷모습을 보면서 "나는 저렇게 살지 않겠다"라고 결심하였다. 10살짜리 아이가 생각한 방법은 아버지와 정반대되는 남자를 만나는 것이었다. 그래서 10살 때부터 17년 동안 아버지와 반대되는 남자를 만나게 해 달라고 기도하였다. 아버지와는 반대로 못생기고, 능력 없는 남자를 만나게 해 달라고. 17년 후 정확하게 기도가 응답이 되었다. 그녀가 선택한 남자는 그동안 기도했던 내용과 정확하게 맞아떨어지는 사람이었다. 주변에서는 결혼을 반대하였지만 그녀는 오히려 기뻤다. 오랜 기다림이 드디어 이루어진 것이니까!

결혼 후 얼마 동안은 행복하였다. 그녀가 보기에 남편은 자기만을 사랑했다. 그녀가 그토록 바라던, 엄마와는 다른 인생이 펼쳐진 듯했다. 그러나 행복은 잠시, 얼마 뒤 그녀는 남편의 외도 사실을 알게 되었다. 그 외모에 그 능력에도 외도를 한다는 사실에 여자는 아연실색하였다.

그녀의 꿈은 엄마와는 다른 인생을 사는 것이었으나 이제 그녀는 엄마보다 훨씬 못한 인생이 자신이 처한 현실임을 알게 되었다. 바람을 피울지언정 엄마는 미남에다가 능력까지 겸비한 남편을 두었으나 자신은 그렇지 못하였다. 그녀에게 가장 중요했던 것은 아버지처럼 외도하지 않고 자기만을 사랑해 줄 남자였기 때문에 자신의 눈높이를 낮춰 가면서까지 결혼을 했던 이 여성은 기대가 무너졌다는 사실을 깨닫자 깊이 절망했다.

## 사랑이 너무나 어려운 여성

우리의 바람과는 달리, 상처를 피하려는 노력이 오히려 더 큰 상처를 유발하는 경우가 종종 있다. 나름대로 최선을 다한 시도가 오히려 자신의 삶에 위기와 아픔을 가져온다. 이러한 현상은 본인에게는 매우 당혹스러운 것이지만 상담을 하다 보면 흔히 접하는 사례 가운데 하나이다.

어린 시절 불행했던 아이가 자라서 역시 불행한 성인이 되는 부메랑 현상에 처음 주목한 사람이 정신분석의 아버지, 프로이트이다. 그는 우리가 자신도 모르게 어린 시절의 패턴을 반복한다는 사실을 발견하였다. '왜 우리는 자기파괴적 행동, 불행한 인간관계, 고통스러운 가족관계를 반복하는가?' 프로이트는 이 질문에 천착하였다. 어린 시절의 고통을 반복한다는 것은 프로이트 정신분석의 핵심 전제 중 하나가 되었으며, 그는 이러한 경향을 '반복 강박'이라고 불렀다. 프로이트는 우리에겐 자기파괴적 행동을 하는 강박이 있다고 보았다. 반복 강박을 가진 사람은 어린 시절의 경험을 무의식적으로 반복한다.

이는 통계상으로도 입증되는 사실이다. 미국에서 실시된 조사 결과에 따르면 알코올 중독자 자녀들은 일반인보다 알코올 중독에 빠질 확률이 네 배나 높다. 부모 중 한 사람이라도 알코올 중독이면 자녀가 중독에 빠질 가능성이 70퍼센트 이상이라는 연구 결과도 있다. 알코올 중독이 유전자에 의한 것이라는 추정도 있다. 그러나 중독자 가정에 입양된 아이들도 나중에 자라서 알코올 중독자가 되는 확률이 매우 높다는 연구조사도 있는 걸 보면 이 문제는 유전만 탓할 일이 아닌 것은 분명하다.

가정 폭력 또한 대물림된다. 폭력 가정의 자녀가 성장해서 똑같이 폭력의 가해자가 되거나 폭력을 행사하는 사람과 가정을 꾸리는 경우가 비일비재하다. 제7회 태평양 영화제 대상 수상을 비롯해 2009년 로테르담 국제 영화제, 도빌 아시아 영화제 등 각종 국제 영화제에서 상을 휩쓸다시피 하면서 독립영화 열풍을 불러온 영화 <똥파리>는 가정 폭력의 대물림을 잘 보여주는 영화다. 주인공 상훈의 아버지는 아내와 딸에게 폭행을 일삼는 가장이다. 아버지의 폭력을 보고 자란 상훈은 주먹 쓰는 일을 직업으로 하는 용역 깡패로 자란다. 오랜 교도소 생활을 마치고 출소한 아버지에게도 서슴지 않고 폭력을 행사한다. 이 영화의 도발적인 홍보 카피 "세상은 엿 같고 핏줄은 더럽게 아프다"라는 문장은 가족심리학의 상당히 중요한 주제를 담고 있다.

폭력을 통해 지나친 통제와 억압 속에서 자란 자녀는 자신에 대한 타인의 통제에 대해 무기력하게 반응한다. 가정 내 폭력의 일종인 근친강간을 당한 피해 여성은 남성과 친밀해지는 능력을 상실하고 성인이 되어 문란한 성관계를 갖거나 혹은 지나치게 성관계를 회피하는 양극단으로 종종 내몰린다. 이처럼 어린 시절의 상처는 마치 불 속으로 뛰어드는 나방처럼 자신의 인생을 파괴적으로 이끄는 경향이 있다.

그러면 왜 우리는 불행한 경험을 반복하는 걸까? 오늘날 심리학은 불행을 반복하는 행동이 사실은 불행을 극복하려는 노력의 일환임을 규명하였다.

몇 년 전 내 수업을 들은 적이 있다며 한 여성이 상담을 신청해 왔다. 단아한 얼굴에 가녀린 몸매의 여성은 분명 남자들이 보편적으로 좋아할 만한 타입이었는데, 예쁜 얼굴에 어울리지 않게 표정이 무척 그늘져 보였다. 마음에 드는 남자를 만날 때마다, 아니 남자가 마음에 들수록 석연치 않은 이유로 종국에는 헤어지게 된다는 것이 그 여성의 하소연이었다. 어린 시절 이야기를 들어 보았다.

그녀는 여러 형제 중에서 유독 혼자만 시골 할머니 집으로 보내져서 외롭게 성장한 아픈 경험이 있었다. 어릴 적의 경험이지만 그녀에게는 지워지지 않는 큰 상처였다. 마음속 깊은 곳에 자리 잡은 어린 시절의 상처는 이 여성에게 사랑하는 사람이 자신을 언젠가 떠날 것이라는 불안감을 늘 마음에 품게

만들었다. '버림받으면 어떻게 하나' 하는 조바심 때문에 상대
방이 조금만 화를 내거나 불친절하면 여성의 불안감은 더욱 심
해졌다. 불안감 때문에 사랑하는 사람에게 지나치게 매달릴수
록 상대방은 쉽게 질렸고 결국 그녀 곁을 떠나 버리곤 하였다.

　반대의 경우도 종종 있었다. 그녀의 외모에 반해서 접근하
는 남성도 적지 않았다. 마음에 드는 남성이 자신에게 애써 구
애하지만 그녀는 쉽게 마음을 주지 못하고 지나치게 엄격하게
대하여 결국은 쫓아 버리곤 하였다. 진자 운동을 하는 추처럼
균형의 중심점에서 지나치게 멀어진 하나의 작용은 다시 그 역
방향으로 반작용을 일으키는 것이 우리 마음의 행로이다. 어린
시절 부모에게 받은 상처를 다시 경험하지 않고자 하는 행동들
이 오히려 이 여성의 발목을 붙잡고 힘들게 한 것이다. 자기파
괴적 행동이 꼭 세상을 자포자기하고 자학하는 것만을 의미하
지는 않는다. 의도와 달리 자신을 보듬어 안기보다는 늘 불안
과 외로움으로 밀어 넣는 그녀의 행동 또한 자기파괴라 할 수
있다.

　대인관계의 어려움, 배우자 선택의 혼란, 만성적인 부부 갈
등, 가정 폭력, 중독, 아동 학대, 만성적인 가난 등 불행한 삶을
살아가는 사람들에게는 공통점이 있다. 그것은 바로 어린 시

상처를 경험한 사람들은

자신의 상처를 떠오르게 하는 기폭제를 피하려고 한다.

상처를 부인하거나 억지로 만회하려고 하다 보니

오히려 불행이 반복된다.

어린 시절 상처를 직시하면 그 속에 상처 입은 내면아이가 있다.

내 느낌, 내 분노를 직시해 보자.

내 안에 어떤 감정과 욕구가 있는지 인식하면서

공감을 하는 것이다.

절의 상처에서 자유롭지 못하다는 점이다. 우리는 어린 시절의 가족관계를 통해서 세상에 대한 밑그림을 그린다. 이 그림은 우리를 세상으로 인도하며, 수많은 인간관계와 만남 속에서 중요하게 작동할 기대치를 형성한다. 그래서 가족에게 사랑받지 못하고 무시당하고 버림받은 아이는 세상을 살기도 전에 세상도 마찬가지일 거라고 지레 짐작한다. 세상에 대한 낮은 기대치를 갖는 아이는 현실을 있는 그대로 보지 못하고 왜곡하기 쉽다. 현실을 부정적으로 볼수록 불행의 패턴을 반복할 가능성은 높아진다. 결국 불행은 아이 자신의 일부가 되어 일생 동안 조정당하게 된다. 줄에 매달린 마리오네트 인형처럼.

## 글쓰기로 내면아이와 대화하기

어린 시절 상처 받은 영혼이 불행을 반복하는 삶의 딜레마를 어떻게 풀 수 있을까? 불행의 반복성은 오랫동안 무의식적으로 유지되는 행동 패턴이다. 이러한 반복성은 우리 내면에 깊이 배어 있어서 마치 중독 상태처럼 바꾸기 어렵다. 불행의 패턴을 똑바로 바라보는 용기가 그 출발점이다. 직면의 대상은 어린 시절의 상처이다. 자신 안에 존재하는 상처 받은 내면의 아이를 고찰하며 자기 공감의 경험을 가져야 한다.

독일 심리학자 요하임 마츠Hans-Joachim Maaz는 어린 시절의 상처가 있는 사람은 때로는 무능하고 불성실한 배우자를 만날 수 있다고 말한다. 앞의 여성은 잘생기고 남성적 매력을 지녔으며, 거기다가 경제적인 능력까지 가진 남성을 보면 상처 부위가 덧나게 되어 있다. 대부분의 여성들에게 이런 남자는 호감이 가는 괜찮은 사람이지만 이 여성에게는 어린 시절의 상처를 덧나게 하는 기폭제이다. '자라 보고 놀란 가슴 솥뚜껑 보고 놀란다'는 속담처럼 과거의 상처를 건드려 상처의 고통을 재현하게 만든다. 상처를 경험한 사람들은 자신의 상처를 떠올리게 하는 기폭제를 피하려고 한다. 이 여성에게 괜찮은 남자는 기피 대상 1호였다. 그러나 언제까지 이런 자극을 피할 수는 없다. 결국 자라가 아니고 솥뚜껑이라는 사실을 알기 위해서는 정면으로 솥뚜껑을 바라볼 수밖에 없다. 상처와 불행의 치료는 오직 직면을 통해서만 이루어진다.

우리 안에는 오랜 고통을 반복하는 과거의 상처 받은 내면아이가 있다. 어린 시절의 탐색 작업을 통해 어린 시절의 나와 연결되었다면 이 내면아이와 대화를 해 보자. 내면아이는 과거의 상처에 압도당했고 고통스러운 행동을 반복하게 하는 자아이다. 이 상처 받은 내면아이가 불행의 반복성에서 벗어나도록 말을 걸어야 한다. 내면아이에게 말을 거는 것은 내 안에 어떠한 감정과 욕구가 있는지 인식하면서 자신의 감정을 공감하기 위한 행동이다. 내면아이와 대화를 나누는 효율적인 방법은 글쓰기이다. 머릿속으로만 생각하다 보면 내면아이와 현재의 나 사이의 분화가 잘 안될 수가 있는데, 글로 정리해 보면 두 주체의 차이점을 더 명징하게 드러낼 수 있다. 성인이 된 내가 묻고 과거의 상처 받은 아이가 대답을 한다. 또는 내면아이가 내면에 결핍된 것을 요구하면 성인의 자아가 그에 대한 해답을 주기도 한다. 이런 과정을 통해 성인은 아이의 상처를 어루만져 주고 해결되지 못한 욕구와 감정을 있는 그대로 공감하게 된다.

지나간 과거는 돌이킬 수 없다. 어린 시절 받은 상처와 아픔은 돌이킬 수 없는 현실이다. 상처를 부인하거나 억지로 만회하려 하기 이전에 우선 내면아이와의 대화를 통해 상처 받은 자신을 수용하고 자신의 모습 그 자체를 긍정하는 것이 중요하다. 과거의 불행을 해결하려 무의식중에 헛되이 애를 쓰면서 현재의 삶까지 불행에 빠지고 마는 쳇바퀴를 벗어나는 길은 여기서부터 시작된다.

## 10장

# 나는
# 당신의 엄마가
# 아니야

"여보, 나는 당신의 아내이지, 누나나 엄마가 아니야."

부부싸움 끝에 성희 씨는 결국 오랫동안 마음속으로 벼르고 있던 말을 꺼냈다. 남편보다 3년 연상인 성희 씨는 결혼 5년차이다. 주변에서는 젊은 남자와 사니 좋겠다며 호기심 반 부러움 반이지만 성희 씨의 마음은 편치가 않았다. 남편은 4남매 중 막내로 누나만 셋이다. 귀한 아들이었기에 어린 시절부터 어머니와 누나들의 보호와 배려 속에서 살아왔다. 지금도 여전히 어머니와 누나들은 동생을 끔찍이 아끼고 받들고 살아간다. 두 사람은 대학 시절 미팅에서 만났다. 여자가 연상이라 남편 집안에서 반대가 있을 것으로 예상했지만 뜻밖에도 시댁 식구들은 크게 개의치 않았다. 하지만 성희 씨는 남편과 살면서 어느 순간 남편에게 자기가 누나 또는 엄마일 뿐, 그 이상도 그 이하도 아니라는 사실을 깨닫기 시작했다. 자기 일과 자기만의 취미 생활에 늘 몰두하고 아내와 아이를 위해서는 애써 시간을 쓰지 않는 남편이 야속했다. 한편 남편은 매사에 아내가 자신을 이해해 주기만을 바랐다. 자기가 바라는 것, 하고 싶은 것을 알아서 챙겨 주고 자기가 하기 싫어하는 것을 알아서 해결해 주기를 원했다. 성희 씨는 그동안 가급적 남편이 원하는 역할을 맡아 주었다. 그러나 결혼생활이 5년이나 지속되어도 남편은 전혀 변할 기색이 없었다. 마치 동생처럼, 때론 아들처럼 자신에게 기대기만 하는 모습에 성희 씨는 점점 지쳐 갔다.

"저도 남편의 보호와 사랑이 필요한 여자예요. 언제까지 이렇게 일방적으로 남편을 돌보기만 해야 할까요?"

성희 씨는 낙심한 표정으로 하소연했다.

남편이 연상인 아내를 배우자로 선택한 것은 무의식적으로 어린 시절부터 익숙한 누나와 남동생의 관계를 재현하기 위해서이다. 늘 보호받고 돌봄을 받아 온 남편은 배우자에게도 그러한 관계를 유지하려고 하였다. 아무리 괜찮은 여성이라도 자기가 적극적으로 사랑해 주어야 하고, 챙겨 주어야 하는 여성이 배우자라면 이 남편은 불편하기만 했을 것이다. 이런 심리가 밑바닥에 있는 남성은 포근하게 자기를 감싸 주고 이해해 주고

챙겨 주는 그런 여성, 즉 연상의 여자에게 끌릴 확률이 높다.

결혼생활 3년째인 한 부부. 외형적으로는 아무 문제가 없어 보인다. 회사일로 만나 연애 결혼을 한 지극히 평범한 부부의 모습이다. 그러나 한 꺼풀 벗겨 보면 남에게 털어놓기 힘든 사연이 있다. 남편은 결혼 이후 단 한 번도 아내와 성관계를 갖지 않았다. 이 사실을 모르는 시부모는 결혼한 지 3년이 지나도록 아이가 없다고 걱정하면서 임신에 좋다는 한약을 지어다 주기까지 한다. 그러나 부인은 차마 시어머니에게 속사정을 꺼내 놓지도 못한다. 성관계를 갖기 위해 여러 번 시도를 했지만 그때마다 남편은 이 핑계 저 핑계를 둘러대고 달아났다. 최근에는 핑계를 대기도 어렵다고 느꼈는지 아예 밤늦게 들어오고 새벽같이 출근을 하면서 아내와의 잠자리를 피한다. 결혼 전에 성관계까지는 아니지만 자연스러운 스킨십과 애정 표현을 하던 남편이 결혼 후 성관계는 고사하고 스킨십조차 피하는 모습에 아내는 지쳐 갔다.

부부에게 성은 자녀를 출산하기 위한 수단만은 아니다. 성생활은 친밀감을 표현하고 더 깊은 애정을 공유하는 중요한 역할을 한다. 단순히 성적 만족을 얻기 위한 것이 아닌 서로가 얼마나 소중한 존재인가를 나누는 장이다. 오랫동안 부부 갈등을 겪고 있는 부부의 특징은 부부 사이에 잠자리가 없다는 것이다. 어느 한 부인은 이런 말을 하였다. "우리 부부는 요셉과 마리아 부부입니다." 피곤하다고, 마음의 여유가 없다고, 흥미가 없다고 멀어져 가는 부부의 잠자리는 사실 부부의 위기를 반영한다.

남편은 왜 아내와의 잠자리를 피하였을까? 부부상담을 하면서 남편의 어린 시절을 들어 보니 이유가 짐작되었다. 남편인 준기 씨는 가부장적이고 폭력적인 아버지 밑에서 자랐다. 폭력이 일상화된 가정에서 준기 씨는 어머니와 강하게 밀착되었다. 아들에게 어머니는 어머니 그 이상이었다. 그에게 어머니는 친구이고 애인이었다. 아들은 아내를 사랑해서 결혼을 하였지만 그의 무의식 속에는 여전히 분리되지 못한 어머니와의 관계가 있었다. 어머니와는 친구, 애인 그 이상의 존재였지만 잠자리를 할 수는 없지 않은가. 그에게 성적인 욕구는 지나치게 억압되어 있는 상태였던 것이다. 결혼 전까지 애인 역할을 했던 어머니에게 느꼈던 성적인 욕구는 허용될 수도 없었고 스스로에게 인정될 수도 없었다. 금기였던 성적 욕구는 내면에서 허용될 수 없는 수치심을 만들어 냈다. 아내에게서 성적인 욕구를 느낄 때마다 내면에서 수치심이 일었고, 마음의 갈등으로 인해 자연히 성적인 욕구를 억압하였다. 남편은 과거 어머니와의 관계를 현재 아내와의 관계에서 반복하는 것이다. 남편은 어머니와 지나치게 밀착되어 있으며 적절하게 부모와 자녀 사이에 경계선이 설정되어 있지 못하고 융합되어 있었다.

## 서로에게 심하게 의존하는 관계

가족상담사 보웬 교수는 준기 씨와 어머니처럼 주체의 독립성을 갖지 못하고 서로에게 심하게 의존하는 관계를 '공생관계'라고 불렀다. 공생관계 속에 있는 아들을 우리는 '마마보이'라고 부른다. 마마보이는 무엇보다 건강한 남성의 정체성을 확립하지 못한다. 어머니가 아들을 손아귀에 꽉 쥐고서 남자로 성장하기보다는 여전히 아들이기를 바라는 느낌을 전달하기 때문이다. 아들은 겉으로는 자신감이 넘치고 당당한 척 보이지만 속으로는 불안하고 어쩔 줄 몰라 한다. 마마보이의 업그레이드 버전이 '엄친아'라 할 수 있다. 요새 일반적으로 엄친아는 좋은 뜻으로 쓰인다. 외형을 보면 그럴지도 모른다. 그러나 심리학을 전공한 사람으로서 소위 엄친아라고 지칭되는 사람들을 보면, 그들 한켠에 스며 있는 불안감이 느껴진다. 이들은 준비되고 갖춘 것이 많으며 어머니나 부모의 기대감과 절대적인 영향권 속에서 성장하여 외형적으로는 좋은 스펙으로 남들에 비해 훨씬 앞선 것 같이 보인다. 그러나 이들이 앞으로 가정과 사회 속에서 얼마나 성공할지는 좀 더 두고 봐야 한다. 성년으로서 독립적 인생을 막 시작하는 젊었을 때의 좋은 조건이 반드시 중년과 장년의 성공을 보장하지는 않는다. 게다가 반듯해 보일 정도로 잘 정비된 이들이 갖춘 조건이라는 것들이 스스로의 의지와 목표에 따른 노력의 결실이라기보다는 부모의 기대에서 한 치도 벗어나지 않는 범생이 같은 생활의 결과물이라면 그러한 우려는 더 커진다.

마마보이는 어머니와는 감정적으로 의존되어 있지만 아버지와는 지나치게 분리되어 있다. 아버지는 자기보다 아내와 더 밀접한 관계를 맺고 있는 아들에게 약간의 질투를 느낀다. 늘 엄마의 치맛자락을 붙들고 있는 아들이 좋아 보이지 않는다. 그 결과 아버지와 아들의 관계는 서먹하고 거리가 멀어진다. 아버지로부터 긍정적인 관계를 만들 기회를 갖지 못하고 아버지를 원망하거나 미워하기도 한다. 아버지와의 관계가 소원해지면서 아버지로부터 배워야 할 많은 것을 잃어버린다. 극단적으로 가부장적이고 폭력적이며 아내를 불행하게 만드는 남자들은 대부분 놀랍게도 아버지와 사이가 좋지 않고 어머니와 공생관계를 형성한 아들이다.

## 마마보이와 파파걸

골드미스 생활을 정리하고 약간 늦은 나이에 결혼하여 이제 2년째인 지영 씨는 요즘 결혼생활에 힘들어하고 있다. 부인은 어린 시절부터 아버지와 강하게 밀착되어 있었다. 아버지가 특별히 자기를 더 사랑해 주었고 이런 부녀의 관계를 언니뿐 아니라 엄마까지 질투할 정도였다고 말한다.

"너무나 잘해 주는 아버지만 있으면 충분했기에 다른 남자들에게 별로 관심이 없었어요."

아버지도 은근히 딸이 결혼해 곁을 떠나기보다는 늘 옆에 있어 주기를 바랐다. 지영 씨는 결혼에 별 뜻 없다가, 뒤늦게 직장동료인 남편을 만나서 결혼을 하였다. 막상 남편과 살고 보니 오랜 세월 굳어진 각자의 서로 다른 생활습관을 맞추는 것도 힘들었고, 자신이 남편을 챙겨 주어야 한다는 사실도 불편했다. 점차 남편이 꼴도 보기 싫어졌고 남편의 손이 자기 몸에 닿는 것마저도 기피하게 되었다.

결혼생활을 유지하다 보면 부부는 서로 많은 것을 양보하고 타협하면서 상대방에게 맞추어 가는 과정을 밟는다. 이 과정은 힘겹고 쉽지 않다. 뒤늦게 결혼한 지영 씨는 오랫동안 공생관계를 유지한 아버지와 정서적으로 분리되지 못하였다. 그녀는 아버지에게 지나치게 정서적으로 의존되어 있는 딸, 즉 파파걸이다.

파파걸의 아버지에게 딸은 배우자의 대용물이다. 아버지에게 딸은 아내가 되고, 딸에게 아버지는 때로는 남자의 대용물이 된다. 아버지는 딸의 요구라면 무엇이든 들어주려고 한다. 그럴수록 딸은 점점 아버지에 대한 의존도가 높아진다. 다른 형제들보다, 때로는 엄마보다 자신을 더 사랑하는 아버지에게 깊이 빠져들어 간다. 아버지는 딸이 자신의 뜻을 따르지 않거나 특히 남자가 생기면 강하게 화를 내고 질투한다. 딸은 아버지로부터 벗어나 독립적인 삶을 살고 싶은 마음이 들 때마다 죄의식을 갖는다. 아버지의 지극한 사랑을 받은 파파걸은 남자를 사귀고, 한 남자의 아내가 되는 과정 자체를 힘들어한다. 남자에게서 자꾸만 아버지의 무한한 사랑을 찾으려 하기 때문이다. 또한 늘 마음속으로 아버지와 남편을 비교한다. 두 사람을 비교하면 언제나 승패는 뻔하다. 아버지는 딸에게 무조건적이고 헌신적인 사랑을 주었지만, 어느 남편도 이런 사랑을 주지는 못하기 때문이다. 여자는 이런 경우에 아버지를 떠난 사실에 대해 죄책감을 갖고 그에 비례하여 남편에 대해서는 필요 이상으로 실망한다.

## 분리와 독립은 결혼의 전제

지나치게 의존적인 어머니와 아들, 아버지와 딸의 관계는 부모로부터의 독립과 분리를 어렵게 만든다. 보웬은 건강하고 행복한 가족이 탄생하려면 반드시 필요한 것이 있다고 말한다. 그것은 결혼한 두 남녀가 부모로부터 정서적으로 독립하고 분리되는 것이다. 부모와 안정적인 유대관계를 유지하면서 동시에 분리와 독립을 이룩한 두 남녀만이 행복한 결혼이 가능하다.

그럼 어떻게 자녀가 부모로부터 분리와 독립을 성공시킬 수 있는가? 분리와 독립은 부모가 자녀를 떠나보낼 때 가능하다. 부모로부터 분리와 독립할 때 그 열쇠는 부모가 쥐고 있는 것이다. 부모가 결혼생활의 외로움과 허전함, 실망감을 자녀를 통해서 풀려고 하면 자녀는 더 이상 자녀로 존재하지 못한다.

이때 자녀는 어머니와 아버지의 배우자나 대리인의 역할을 하게 된다. 이런 부모와 자녀의 관계에서 부모는 심리적으로 자녀가 자신을 떠나는 것을 절대로 허용하지 않는다. 반면에 자녀로 하여금 건강한 분리와 독립을 가능하게 해 줄 부모는 건강한 부부관계를 갖고 있는 경우이다. 이들은 자녀를 대리 배우자로 사용하지 않으며, 자녀가 떠나서 독립하는 것을 자연스럽게 받아들인다. 자녀의 분리와 독립은 부모가 자녀의 주거, 직업, 재정, 이성, 친구 문제 등 전반적인 생활방식을 존중하고 이해하는 태도에서 이루어진다.

부모로부터 정서적으로 분리와 독립을 이루지 못한 마마보이와 파파걸은 결혼생활에 어려움을 갖기 쉽다. 이들이 어려움에서 벗어나기 위해서는 본인들이 더 이상 아들, 딸의 역할만을 갖고 있지 않다는 현실을 받아들여야 한다. 이제 이들은 남편, 아내 그리고 아빠, 엄마의 역할을 수행해야 한다. 내면적으로 부부와 부모 되기를 거부하고 사랑만 받고 아무런 책임을 질 필요가 없는 아이 상태로 남아있으려는 자신을 설득시켜야 한다.

준기 씨와 지영 씨가 결혼생활의 위기에서 벗어나는 길은 바로 이 지점에서부터 시작된다. 그리고 스스로 마음속으로 다짐을 해야 한다.

"이제 저는 더 이상 어린아이가 아닙니다. 저는 당신의 아내이고 남편입니다. 저는 당신을 저의 배우자로 선택했습니다. 이제 그 선택에 대한 책임을 지겠습니다."

우리는 태어날 때 이미 선함과 강함, 현명함을 갖고 태어났다.

다만 어렸을 때 우리가 길러진 방식 때문에

또는 부모가 우리에게 주었던 왜곡된 메시지 때문에

그러한 능력과 단절되었을 뿐이다.

_

비벌리 엔젤Beverly Engel

3부

# 상처를 주고받는
# 가족

# 11장

# 가족은
# 하나의
# 시스템이다

유럽에서 유학 생활을 마치고 돌아온 지 얼마 안 되어 동네 안과 병원에 갈 일이 생겼다. 원래 안구건조증이 있었는데, 갑자기 환경이 바뀌니 증세가 더 심해졌던 것이다. 그런데 월드컵이 열리던 2002년 그해 여름, 한국은 아폴로 눈병이 대유행이었다. 안과 대기실은 눈병 환자로 가득했다. 나는 안과에 왔다가 혹시나 아폴로 눈병까지 옮으면 어쩌나 싶어 조심스레 접수처의 간호사에게 말했다.

"아 저는 아폴로 눈병 때문에 온 게 아닙니다. 그러니 눈병 환자들과 다른 기계에서 검사 받도록 해 주세요."

내 증상을 이미 잘 알고 있기 때문에 부탁을 한 것이었다. 그러니 간호사는 기분이 상했는지 쌀쌀맞은 목소리로 쏘아붙였다.

"선생님, 저희 병원을 어떻게 보시는 거예요. 그냥 가시려면 가고, 진료 받으려면 저기 앉아서 기다리세요!"

환자의 질문과 요청에 친절하게 답하는 독일 병원 서비스에 익숙해진 나는 참기 어려울 정도로 무안했던 순간이었다.

일반적으로 독일은 손님에게 친절한 나라가 아니다. 한국 백화점처럼 상냥한 직원들이 응대하는 서비스를 독일에서 기대했다가는 크게 당황할 것이다. 그러나 병원만큼은 예외다. 독일에서 가장 친절한 곳이 병원이라고 할 수 있다. 대부분의 병원은 친절하고 환자의 입장에서 도움을 준다. 환자가 요령부득으로 더듬거리는 외국인일지라도 그 미숙한 독일어를 참고 들어주면서 정성껏 진료를 해 주는 것은 기본이다.

나는 꾹 참고 자리에 앉았다. '저 간호사는 아마도 상처가 많은 사람일 거야. 상담이 필요해'라며 애써 분을 참았다. 환자가 많다 보니 내 차례가 돌아오기까지는 거의 두 시간 이상 걸렸다. 그 사이에 가만히 앉아서 보니 병원 대기실이란 곳이 너무 정신이 없었다. 우선 대기 환자들을 위해 틀어놓은 대형 텔레비전의 소리가 너무 컸다. 환자가 많으니 자연히 소리가 잘 들리지 않았다. 소리가 작다고 크게 키우니 환자들은 더 큰 소리로 대화를 나누기 시작했다. 게다가 눈병이라는 게 원래 단체생활에서 집단 감염이 생기기 쉬운 병인지라, 병원에는 유독 어린이 환자들이 많았다. 이들은 간호사가 여러 번 주의를 줘도 아랑곳없이 계속 돌아다니며 잠시도 가만히 있지 않았다. 누구라도 근무하기 힘든 환경이었다. 이런 환경에서 장시간 근무하다 보면 성격이 예민해지고 인내심을 잃을 수밖에 없었다. 조금 전까지만 해도 간호사의 불친절함을 나무라며 심리 상담이 필요한 사람으로 보았던 내 짧은 생각이 슬그머니 미안해졌다.

간호사가 불친절한 것을 전적으로 한 개인의 성격 문제로 접근할 수도 있지만 이렇게 스트레스가 많은 병원 근무 환경에서 상당 부분 기인한 것이라고 보고 문제를 풀어갈 수도 있다. 심리학에서는 이러한 시각을 시스템적 관점이라고 한다.

## 가족 전체를 보면 문제가 보인다

시스템적 관점은 문제의 원인을 개인이 아니라 개인이 처한 환경에서 찾는다. 다양한 요인을 고려한 전체적인 관점에서 보는 시각이라 할 수 있다. 가족 문제에 있어서도 한 개인에게서 가족 전체로 시야를 넓혀 바라보는 것이다. 가족의 문제와 갈등은 구성원 한 사람의 탓이라기보다는 그를 둘러싼 가족의 환경에서 기인하는 것이라고 본다.

시스템적 관점에서는 가족을 하나의 시스템system으로 본다. 가족은 서로 상호작용하는 존재이다. 인간은 고립된 존재가 아닌 사회의 한 구성 요소로서 다른 사람과 끊임없이 상호작용을 한다. 즉 인간은 누구나 환경에 둘러싸여 있고 또한 스스로는 그 환경의 일부를 이룬다. 가족은 가장 기초적인 사회 단위이다.

이러한 가족 시스템은 하나의 모빌과 같다. 아기 머리맡에 걸려 있는 모빌을 생각해 보자. 형형색색 여러 가지 모양을 한 조각들이 모빌을 구성한다. 아기가 울음을 그칠 수 있게 모빌 조각 하나를 손가락으로 툭 건드려 보자. 분명 조각 하나를 건드렸을 뿐이지만 그 조각뿐만 아니라 모빌 전체가 움직인다. 가족은 이런 것이다.

김 대리의 가정을 시스템의 관점에서 관찰해 보자. 모빌의 각 조각들이 어떻게 서로 반응하며 전체에 영향을 주는지 알 수 있다.

그날따라 김 대리의 귀갓길 발걸음은 무거웠다. 회사에서 직장 상사로부터 호되게 야단을 맞았기 때문이다. 평상시에는 '여보 나왔어' 하며 밝게 들어오던 김 대리였지만 그날은 어둡고 우울한 표정으로 아무런 말도 없이 문을 열고 들어왔다. 남편 모습을 본 아내는 순간 '무슨 일이 있나?' 생각하며 마음이 불편해졌다. 저녁을 차리고 식사하는 동안 아내는 이런 저런 말을 걸면서 분위기를 돌리려 애를 쓰지만 여전히 남편은 굳은 인상으로 묵묵히 식사만 하였다. 설거지를 하려다 아내가 참았던 감정을 터뜨렸다.

"여보, 도대체 왜 그래? 무슨 일 있어? 나한테 말 좀 해 줘!"

아내의 말에 남편 역시 화가 치밀어 오른다.

"무슨 일이 있기는, 그리고 밥 먹을 때 아무 말 안 한다고 왜 신경질이야, 나는 조용히 먹지도 못해!"

김 대리의 응수에 아내도 발끈하여 대응을 한다. 한참을 옥신각신 언쟁을 벌이다가 서로의 감정이 해소되지 않은 채 싸움을 멈추었다. 험악해지는 분위기를 느낀 첫째는 슬금슬금 자기 방으로 들어갔지만, 둘째는 눈치 없이 계속 텔레비전을 보고 있다. 막 싸움을 끝낸 아내의 눈에 둘째의 모습이 밉상스럽다.

"너 지금 숙제는 하고 노는 거야?"

엄마의 말에 둘째는 퉁명스럽게 대답한다.

"이거만 보고 할 거야."

말대답에 엄마는 더욱 신경질적이 된다.

"숙제도 안 하고 뭐하는 거야! 넌 왜 맨날 그 모양이니?"

둘째는 엄마가 아빠 때문에 괜히 자신을 혼낸다고 느껴져 화가 난다. 자기 방으로 들어가는 둘째를 강아지 뽀삐가 따라오자 "야, 저리가!" 하고 소리를 지르며 애꿎은 강아지에게 발길질을 한다.

외부의 자극을 받은 사람은 김 대리였지만 이것은 그에게만 국한되지 않고 가족 전체에게 영향을 미쳤다. 아내, 자녀들, 강아지 뽀삐마저 외부 스트레스의 영향을 받았다. 가족 시스템은 하나의 유기체와 같이 서로 끊임없이 상호작용하기 때문에 가족의 위기와 갈등을 한 구성원에게서만 문제를 찾을 수는 없다. 문제가 심각해져서 상담실을 방문하는 사람들의 공통점 가운데 하나는 대개 가족 문제의 원인으로 한 사람을 명확히 지복한다.

"우리 집은 아빠가 문제예요. 아빠만 변하면 다 돼요."

그러나 상담을 계속하다 보면 아빠와 더불어 갈등을 계속하고 있는, 즉 맞장구를 치고 있는 다른 식구의 존재가 드러난다.

## 부부는 어떻게 화해했을까?

초등학교 때 성실하던 영훈이는 중학교 1학년에 들어가면서 갑자기 공부를 멀리하고 성적이 급속히 떨어졌다. 설상가상으로 좋지 않은 친구들과 어울려 나쁜 짓까지 하고 다녔다. 영훈이 부모는 왜 갑자기 이러는지 모르겠다며 아이를 상담실로 데리고 왔다. 아들에 대한 걱정만 제외하면 두 부부는 서로 의견 대립도 없이 생각이 잘 맞는 사이로 보였다.

그러나 부모님들을 잠시 내보내고 영훈이와 마주 앉아 이야기를 나누자, 외견상 관찰되지 않던 문제점이 속속 드러났다. 영훈이가 문제 행동을 하게 된 시점은 부모의 결혼 위기 때부터였다. 남편 때문에 너무나 속이 상한 아내는 자신이 얼마나 화가 났는지 알게 하려는 의도로 이혼 서류를 만들어 와서 화장대에 올려놓았다. 그러나 정작 서류를 보고 충격을 받은 것은 아빠가 아니라 안방에 우연히 들어왔던 아들이었다. '엄마 아빠 사이가 심각해지더니 결국 여기까지 왔구나!' 하는 생각에 영훈이는 크게 상처를 받았다.

그 일 이후 영훈이는 공부에 관심을 잃고 문제 행동을 하기 시작했다. 그런데 놀랍게도 아이가 문제아로 변하자 그렇게 싸우던 부부가 아들 일로 의논을 하기 시작했다. 아이 문제를 해결하기 위해 서로 대화를 하고 문제 해결을 위해 각자 학교와 상담실을 쫓아다니면서 부부 사이에는 오랜만에 평화가 찾아왔다. 자연히 이혼 위기도 수면 아래로 내려가게 되었던 것이다. 이 상태에서 상담실을 찾은 부모는 '우리 가족의 문제는 아들뿐이다. 예전에 성실하고 착하던 녀석이 왜 이러는지 모르겠다'고 말한다.

　영훈이를 제대로 이해하고 변화시키기 위해서는 아들의 문제만을 보아서는 안 된다. 아무리 '너 왜 그러니? 공부해야지'라며 나무라고 타일러 보았자 소용없다. 아직 나이 어린 아들이 가장 염려하는 것은 부모의 이혼이다. 그 불안감 속에서 생겨난 일탈 행동을 고려하지 않고서는 아들의 변화를 이해할 수 없다. 아이들은 부모의 이혼이나 갈등이 자기 때문에 일어났다고 자책한다. 자신을 '못되고 멍청하고 게으른' 아이로 낙인찍고 일탈을 일삼기도 한다. 따라서 가족 내에서 어떤 갈등이 생겼을 때 가장 먼저 보호받아야 하는 사람은 아이다. 문제를 일으킨다고 아이만 닦달하거나 바꾸려고 애쓰기보다는 먼저 아이의 변화가 무엇에서 비롯되었는지 시스템적 관점에서 원인을 찾을 필요가 있다.

영훈이를 변화시키기 위해서는 무엇보다 부부관계의 변화가 이루어져야 한다. 문제아라고만 생각하던 아들이 사실은 가족의 희생양이라는 사실을 인식하고 영훈이를 바라보는 시선부터 바꾸어야 한다. 영훈이 부모는 영훈이가 왜 삐딱해졌는지 이유를 알게 되면서 아이의 마음에 공감해 주기 시작했다. 점차 부부관계에도 변화가 생기고 더 이상 부모가 갈등을 빚는 경우도 줄어들면서 영훈이는 원래 자신의 모습으로 돌아갈 수 있었다. 가족 시스템 전체에 변화가 생긴 것이다.

## 가족 체질을 바꾸면 변화가 온다

한국 축구가 4강까지 오른 2002년 한일 월드컵 당시 나는 독일에 있었다. 한국의 선전은 독일에서도 큰 화제였는데, 라디오 방송에서 한국 축구의 성공 요인을 분석한 한 스포츠 기자의 해설이 매우 인상적이었다. 그는 한국의 성공 원인을 히딩크의 리더십에서 찾았다. 히딩크가 성공한 것은 그동안 고질적으로 유지되던 한국 축구팀의 시스템을 바꾸었기 때문이라는 분석이었다. 히딩크는 일부 스타급 선수에게 의존하지 않고, 이전에 한국에서 이루어지던 학연과 지연의 고질적 문제들을 개선시키고 실력 중심으로 축구팀의 시스템을 바꾸었다는 것이다.

히딩크에게 발탁된 대표적 선수가 박지성이다. 그는 그동안의 관행으로는 국가대표로 발탁되기 어려운 선수였다. 그동안 대표 팀의 주종은 연대, 고대 출신이었는데 박지성은 명지대 출신이었던 것이다. 게다가 박지성은 대학에 들어갈 때까지만 해도 그다지 두드러지는 선수가 아니었다. 축구부 정원이 이미 모두 차 입학마저도 좌절될 뻔한 위기에서 다행히 그의 자질을 알아본 명지대 축구부 김희태 감독이 아직 선발이 덜 끝난 테니스부 감독에게 부탁하여 간신히 대학에 들어갈 수 있었다. 이런 한국 축구대표 팀의 오랜 관행을 끊고 히딩크는 오직 실력 중심으로 팀을 재편하였다. 월드컵 한국 4강 진출의 마법은 이처럼 시스템의 변화에서부터 시작되었다.

가족의 변화도 마찬가지이다. 문제를 구성원 한 사람에게 전가하는 것이 아닌 가족 환경을 변화시키고 가족 전체를 체질 개선할 때 가족은 변화할 수 있다. 이런 체질 개선에서 가장 중요한 사항은 관행적으로 유지해 오던 관계와 소통의 방식을 변화시키는 것이다. 누구나 불가능할 거라고 생각했던 한국 축구의 월드컵 4강 신화처럼, 문제에 직면한 가족도 관계와 소통의 변화를 통해 큰 변화를 일으킬 수 있다. 히딩크의 마법과 같이.

## 12장

# 진실을
# 마주하는
# 시간

독일에서 상담 과정을 집중적으로 공부하던 시절, 동료 중에 너무나 예의가 바른 이사벨이라는 여학생이 있었다. 이사벨은 항상 온화한 미소가 아름답게 빛나는 금발 아가씨였다. 쉬는 시간 커피를 마시려고 하면 어떻게 알았는지 커피가 담긴 보온병을 들고 와 잔에 따라 주는 상냥한 친구였다. 물론 이사벨이 나에게만 친절했던 것은 아니다. 동료 중에 소외되거나 외로움을 타는 사람이 있으면 기꺼이 다가가서 이야기 상대가 되어 주곤 했다. 이사벨 덕분에 우리 과의 분위기는 항상 좋았다.

그런데 늘 밝게 웃는 이사벨이지만, 나는 가끔 그녀에게서 알 수 없는 슬픔을 느끼곤 했다. 동료들끼리 모여 집단 상담을 하는 시간에 이사벨에게 내가 빚은 느낌에 대해 털어놓았다. 내 말을 들은 이사벨은 순간 당황한 기색이 역력했다. 잠시 생각에 잠기더니 이내 조심스럽게 입을 열었다.

이사벨의 친할머니는 2차 세계대전 당시 열렬한 나치의 일원이었다고 한다. 독일의 패망이 가까워 오던 어느 날 할머니는 히틀러의 사망 소식을 들었다. 충성을 바쳤던 히틀러가 죽고 제국이 무너지는 데 낙심한 할머니는 자식들을 한자리에 모았다. 할머니 손에는 권총이 쥐어져 있었다. 자식들을 둘러본 할머니는 한 명씩 권총으로 쏘기 시작하였다. 어렸던 자녀들은 엄마가 쏘는 총을 거부하지 않았다. 이윽고 이사벨의 아버지 차례가 되었다. 아버지는 권총을 겨눈 할머니를 향해 "엄마, 난 죽고 싶지 않아"라고 외치며 밖으로 도망쳤다. 얼마 후 아버지가 집으로 돌아왔을 때는 다섯 형제 모두가 할머니가 쏜 총에 맞아 죽어 있었고 할머니 역시 자신의 귀에 총을 쏴 자살한 상태였다. 이사벨은 이런 충격적인 사실을 아버지에게 직접 들은 것은 아니고 먼 친척으로부터 우연히, 그것도 비교적 최근에 알게 되었다고 말했다.

"아버지는 한번도 나에게 과거사를 말한 적이 없어. 우리 집 가훈이 뭔지 아니? '웃자, 행복하자!'야."

아버지는 늘 잘 웃고 쾌활한 성품이라는 것이다. 그러나 이사벨도 문득 아버지 얼굴에 스쳐 지나가는 깊은 슬픔을 느끼곤 했다. 이사벨이 나를 그윽하게 바라보며 말을 이어갔다.

"그런데 아버지에게 느꼈던 그런 연민이 나에게서 발견되다니 놀라운 걸! 광현 덕분에 미처 깨닫지 못한 나의 중요한 부분을 알게 된 셈이야."

대부분의 사람들은 가족의 안정과 균형을 유지하기 위해 안간힘을 쓰며 살아간다. 노력할 뿐만 아니라 그들은 자신의 삶이 안정되어 있다고 생각한다. 그런데 이런 생각이 착각인 경우가 종종 있다. 평온함 이면에 끊임없는 긴장과 불안이 도사리고 있는 가족관계가 적지 않다. 분명히 무언가 있고 그 때문에 불안과 긴장이 항상 느껴지지만 함부로 표현하는 것조차 허용되지 않는 어떤 일이 가족 내에 존재할 때, 심리학에서는 그것을 '가족 비밀family secret'이라고 말한다.

## 수치심과 죄책감을 부르는
## 가족 비밀

프랑스의 정신분석가 세르주 티스롱Serge Tisseron은 가족의 비밀에 관한 연구 입적으로 세계적인 권위를 인정받고 있는 학자이다. 티스롱은 '가족 비밀은 여러 세대에 걸쳐 이어지며, 이렇게 세대 전수된 비밀은 원래 만들어졌던 세대보다 더 큰 문제를 낳는다'고 말한다. 가족 비밀이 어떻게 세대를 이어 전수되는지 티스롱의 분석을 따라가 보자.

고통스러운 사건이나 문제의 비밀은 숨기려 하면 할수록 의도와 달리 다음 세대에게 영향을 많이 끼친다. 이전 세대에 있었던 가족 비밀이 다음 세대에 그대로 전해지는 것은 아니다. 고통스러운 사건의 비밀을 간직한 첫 세대는 비밀을 지키고 싶은 마음과 이를 털어놓음으로써 자유로워지고 싶은 양가감정 사이에서 갈등한다. 이 갈등의 와중에 당사자는 비밀을 극구 부인하지만 본의 아니게 부분적으로 누설하게 된다. 부분적으로 누설된 비밀 때문에 자녀 세대는 무언가가 있음을 직감하기 시작한다. 그러나 전모를 알기는 어렵고 쉽게 물어볼 용기도 나지 않는다. 즉 첫 세대에게 비밀이 '말로 표현될 수 없는 것'이었다면, 두 번째 세대에게는 '이름 붙일 수 없는 것'이 된다. 여기서는 비밀의 내용은 잊혀지고 오로지 그 존재만 감지되면서 끊임없는 의문을 자아낼 뿐이다. 당사자는 감추려 하지만 감추려는 바로 그 사실 때문에 당사자의 비밀이 자녀들에게 똑같은 불안감을 초래한다는 것이 세르주 티스롱의 관찰 결과이다.

가족의 비밀은 시대적 아픔과 밀접히 연결된다. 우리 민족의 근현대사는 다른 어떤 나라와 비교할 수 없을 만큼 굴곡으로 얼룩져 있다. 수치스러운 식민 지배, 동족상잔의 한국 전쟁, 분단과 반공 이데올로기에 의한 반목과 갈등의 역사가 이어지는 가운데 적지 않은 가정이 말할 수 없는 '가족의 비밀'을 간직하게 되었다. 가족상담을 하다 보면 이런 가족의 비밀 때문에 고통받는 가정을 수시로 만나게 된다.

가족 비밀이 존재하는 가정은 건강할 수가 없다. 자녀들은 가족의 비밀에 대해 어렴풋이 감지하는 바가 있지만 집안 분위기는 이를 부인하거나 모르는 체 할 것을 암묵적으로 강요한다. 이것은 감정의 마비를 강요받는 것이나 마찬가지로 작용한다. 한센병에 걸리면 신경이 죽어 통증 감각이 마비되기 때문에 손가락이 잘려나가도 아무런 통증을 못 느낀다. 가족 비밀로 인해 의심, 불안, 분노, 슬픔, 무기력 등 다양한 부정적 감정이 발생하지만 정작 이를 표현할 수 없다 보니, 이런 가정의 아이들은 정서적 한센병에 걸린다. 혼란스럽고 감당할 수 없는 감정을 부인하도록 요구받으면서 차츰 감정의 감각이 마비되는 것이다. 그러나 이러한 사실은 잊혀지는 것이 아니다. 가족들 안에 수치심과 죄책감의 모습으로 살아남는다.

한 아이가 저녁에 술을 마시고 들어와 현관에서 쓰러져 자고 있는 아버지를 보고 어머니에게 묻는다.

"왜 아빠가 여기서 주무시는 거죠?"

아버지는 심한 알코올 중독자이다. 그러나 어머니는 사실을 있는 그대로 이야기하지 못한다.

"아빠가 너무 피곤하고 힘들어서 그런 거란다."

이러한 이야기를 듣고 자란 아이는 부모가 요구하는 대로 생각하고 느끼는 법을 배운다. 현실을 왜곡하는 행위는 지성적으로 가해지는 학대이다. 이렇게 지적으로 학대 당한 경험이 있는 아이는 어른이 되어 자신의 판단으로 내리는 모든 결정에 대해 불안감을 갖기 쉽다. 늘 생각과 감정을 부정당해 왔기에 자신의 생각에 확신을 갖지 못한다. 사회생활에서 어이 없이 사기를 당하거나 미신과 사교집단에 잘 넘어가는 유형 중에는 이런 사람들이 많다.

## 비밀을 인정하는 순간
## 실마리가 풀린다

한나는 박사 과정 시절에 친하게 지내던 동료 독일 여성이다. 나는 이 친구로부터 어린 시절 이야기를 듣고 깜짝 놀랐다.

그녀의 아버지는 판사였다. 낮에는 근엄한 법관이지만 밤이 되면 야수의 모습으로 돌변하곤 했다. 매일 밤 아버지가 1층 거실에서 계단을 밟고 2층으로 올라올 때면 그녀는 숨이 멎을 것 같았다고 한다. 아버지가 여동생이 있는 옆방에 들어가면 그 밤은 다행이고, 불행하게도 자기 방으로 들어오면 길고도 끔찍한 시간을 보내야 했다. 아버지는 두 딸을 대상으로 주기적으로 근친강간을 범했던 것이다.

그런데 그녀가 정말 용서할 수 없는 사람은 아버지보다 엄마였다. 엄마는 이 모든 사실을 다 알면서도 눈을 감고 두 자매를 방치했다. 근친강간을 범하는 아버지는 미안한 마음에 낮에는 두 자매에게 잘 대해 주었다. 하지만 엄마는 딸들에게 늘 냉정하고 무관심했다. 딸들은 아버지는 물론이고 엄마와도 밤마다 이루어지는 끔찍한 일에 대해 상의할 수 없었다. 이러한 가족 문제는 그녀와 여동생에게 깊은 상처를 남겼다.

다행인 것은 한나가 어린 시절의 깊은 상처에도 불구하고 자신의 상처를 고백할 수 있는 용기를 지녔다는 점이다. 박사 과정을 마치고 각자의 길로 헤어진 뒤에도 나는 그녀와 종종 전화를 하면서 근황을 묻곤 했다. 한국에 돌아오기 얼마 전 그녀가 나에게 선물을 보내왔다. 선물 포장 안에는 작은 벽돌 조각과 편지가 들어 있었다.

"이 벽돌은 내가 베를린 장벽이 무너지던 날, 망치를 들고 현장에 나가 직접 쪼개온 것이야. 나의 아픈 상처를 위로해 주던 다정한 친구가 독일을 떠난다니 슬프다. 한국도 독일처럼 분단의 아픔을 지니고 있다지? 따뜻한 성품으로 볼 때, 넌 아마도 귀국하면 너희 나라가 겪은 슬픔과 아픔을 감싸 주면서 살아갈 것 같구나. 이 벽돌은 너와 비슷한 아픔을 겪은 내가 보내는 우정의 선물이야. 이 벽돌을 볼 때마다 우리의 우정과 추억을 기억해 주길 바란다. 언제나 너를 응원할게."

그녀의 선물은 귀국 후 펼쳐질 새로운 생활에 대한 설렘과 불안으로 잔뜩 긴장해 있던 내 마음을 편안하게 풀어 주었다. 자신의 고통을 딛고 대범하게 다른 사람의 상처까지 헤아릴 줄 아는 한나는 지금껏 내가 만난 사람 중에서 큰 상처와 가족의 비밀에도 불구하고 가장 꿋꿋하게 자란 여성이다.

그러나 대부분의 사람들은 한나처럼 강하지 못하다. 어려서 부모나 친지로부터 성추행을 당한 사람들은 일생을 그 피해 의식에서 쉽게 벗어나지 못한다. 어린아이에게 행하는 근친강간은 사람의 인생을 말 그대로 처참하게 파괴하는 최악의 아동학대이다. 근친강간이 갖는 위험성은 그것이 가족의 은밀한 비밀과 손을 마주 잡고 있다는 사실 때문에 더욱 크게 배가 된다. 근친강간에는 가해자인 아버지만 있는 것이 아니다. 이 사실을 모른 채 눈감아 버리는 다른 가족이 존재한다. 가족들은 가정의 울타리가 뿌리째 붕괴되느니 차라리 딸 또는 여동생이거나 누이인 한 구성원의 희생을 선택한 공모자인 셈이다. 이 상황에서 피해자는 이중의 상처를 받는다. 여기서 느끼는 상처는 복합적이고 고통은 더 깊다.

왜 이런 가족의 비밀이 존재하는가? 가족 비밀은 현재의 가족 시스템을 유지하기 위한 즉자적 대응이다. 현실을 인정하는 순간 언제 닥칠지 모를 가정의 변화를 두려워하여 가족으로 하여금 고통스러운 사건이나 문제를 부인하게 만든다. 가족은 변화에 저항한다. 가족 시스템에는 일종의 관성이 있어서, 지금까지 해오던 방식을 고수하려는 경향을 갖는다. 이러한 가족 시스템의 경향을 '항상성homeostasis'이라고 부른다. 가족의 붕괴를 두려워하고 변화에 저항하려는 항상성 때문에 가족 비밀이 만들어지지만 그로 인해 가족 사이의 갈등은 증폭된다.

가족의 비밀을 다루는 대표적인 영화로 스릴러 소설의 대가 스티븐 킹의 소설을 원작으로 한 영화 <돌로레스 클레이븐>이 있다. 이 작품은 학부나 대학원의 심리학 수업 시간에 교재로 사용해도 될 만큼 가족 간 갈등 구조를 탁월하게 묘사하고 있다. 영화의 줄거리를 간단히 요약하면 다음과 같다.

도시에서 생활하는 여기자 셀리나는 어머니 돌로레스 클레이븐이 살인 사건 피의자로 조사받고 있다는 제보를 받고 15년 전 그토록 증오하며 떠났던 고향을 다시 찾는다. 실은 셀리나는 어머니의 유죄를 확신하고 있다. 고향을 떠나기 몇 년 전 아버지가 석연치 않은 실족 사고로 목숨을 잃었는데, 셀리나는 이 사고와 엄마가 관련이 있다고 대략 짐작하고 있었던 것이다. 그래서 셀리나는 어머니와 고향을 떠올리기만 해도 진저리가 났고 도시로 떠난 이후 어머니와 소식을 끊고 살았다. 셀리나는 엄마를 적극 변호하고 싶지도 않고 그렇다고 엄마의 죄악이 드러나는 것을 방관만 할 수도 없는 복잡한 심경으로 고향으로 돌아가 살인 사건 조사 과정을 지켜본다. 영화의 전반부는 이처럼 어머니가 아버지를 살해했을 가능성을 일종의 가족 비밀로 깔아두고 전개된다. 전형적인 가족 비밀 상황이다. 무언가 좋지 않은 일이 일어났지만, 아무도 그 이야기를 밖으로 꺼내지 않으니 진실을 알 길이 없다. 가족의 비밀이 구성원을 짓누를 때, 가족의 정서가 뒤틀리고 그런 가정을 지겨워하며 탈출할 길을 찾는 심리가 셀리나에게 그대로 구현되어 있다.

그런데 영화의 후반부는 대단한 반전을 보여 준다. 그럼 그렇지. 전 세계에 소설을 3억 5천만 부나 팔았다는 스티븐 킹이 이 정도의 간단한 플롯만으로 소설을 구성했을 리가 없다.

살인 혐의를 벗고자 하는 의지도 없고 딸에게 이해를 구하려 하지도 않는 엄마의 모습을 보고 실망한 셀리나는 다시 고향을 떠나려고 한다. 그러나 고향을 떠나는 뱃전에서 그녀는 약간의 실마리로 인해 오랫동안 까맣게 잊고 있었던, 아니 애써 머릿속에서 지워 버렸던 또 하나의 기억을 떠올린다. 복원된 기억 속의 진실은 이러했다. 셀리나의 아버지 조지는 술주정뱅이에 어린 딸의 몸까지 탐하는 존재였다. 이를 눈치 챈 돌로레스는 딸과 함께 고향을 떠나려 하지만 조지의 방해로 실패하자 결국 사고를 위장하여 남편을 딸로부터 영영 떼어 놓았던 것이다. 그러고는 그 모든 악연을 혼자만의 가슴 속에 묻어 두고 딸이 새로운 환경에서 성장할 수 있도록 말없이 떠나보낸 것이다. 이를 깨닫는 순간 아버지는 무능력해도 자상한 사람이고 늘 무뚝뚝하며 잔정이라곤 눈곱만치도 없는 엄마가 문제라고 여겼던 셀리나의 믿음이 여지없이 산산조각 나 버린다. 성추행의 트라우마에서 어떻게든 벗어나고 싶은 심리적 방어기제가 만들어 낸 가짜 기억이었던 것이다. 진실을 대면하는 시간은 언제나 소름이 돋고 고통스럽다.

영화 <돌로레스 클레이븐>은 이처럼 두 가지 가족 비밀이 서로 중첩된 복잡한 플롯을 지닌다. 아버지 살해라는 비밀과 근친강간이라는 비밀이다. 어느 쪽이든 가족 비밀은 관계를 파괴해 버리고 가족의 해체로 치닫는다. 이 영화는 셀리나가 진실을 마주함으로써 가족 비밀에서 벗어나고 자신의 트라우마를 넘어 어머니의 진심을 이해하는 과정을 담담하게 그려냈다. 영화가 잘 묘사했듯이, 가족 비밀은 결코 우회적인 방식으로 해결되지 않는다. 가족의 비밀을 인정한다는 것은 매우 고통스러운 작업이지만 그 진실을 마주할 때에만 해결의 실마리가 풀린다.

# 13장
# 누가 권력을
# 쥐고 있는가

그리스 신화에 나오는 이카루스라는 소년은 바다 가운데 섬에 갇혀 있다가 아버지가 만들어 준 밀랍으로 붙인 날개를 달고 탈출한다. 태양을 향해 날아오르다가 그만 밀랍이 녹아 버려 추락하고 마는데 멈추지 않는 인간의 권력에 대한 열망을 잘 보여 준다. 우리 주위에는 권력 지향적인 사람들이 흔하다. 세상 물정 모르고 사교성이 떨어진다고 평가받는 교수 사회도 사정은 크게 다르지 않다. 교수가 무슨 권력이냐고 물을지 모르겠으나 학회 등에서 좌장 자리를 차지하려는 열망은 보이지 않게 치열하다.

사실 어느 단체나 장이 되면 일반 회원들보다는 훨씬 더 수고스럽다. 강의 준비와 연구만으로도 부족한 시간을 쪼개서 단체 일에 할애해야 하고 무엇 하나라도 남보다 더 앞장서지 않을 수 없다. 이렇게 사서 고생인 줄 알면서도 사람들은 왜 구태여 그런 자리를 맡으려 애쓰는 것일까? 그것은 인정받고 싶은 욕구 때문이다. 인간은 남들로부터 인정받을 때 자신에 대한 만족감과 안정감을 갖는 특이한 존재이다.

"어린 시절 생존하기 위해 부모의 사랑이 필요했다면, 성인에게는 주변의 인정이 필요하다."

캐나다 출신의 정신분석가로 현대 심리 상담의 대가 가운데 한 명으로 꼽히는 에릭 번Eric Berne의 빛나는 통찰이다. 누군가로부터 인정을 받는 일은 사회 속에서 존재하는 인간에게 필수적인 생존 에너지다. 따라서 권력욕을 뒤집어 말하자면, 누군가에게 인정받고자 하는 처절한 몸부림이라고도 할 수 있다.

권력은 우리 삶에서 매우 중요한 역할을 한다. 프로이트의 제자 중 한 사람으로 열등감, 보상심리, 인정욕구 등을 연구한 심리학자 알프레드 아들러Alfred Adler는 《인간이해》에서 권력에 대한 욕구가 인간의 정신을 지배하는 중요한 요인이라고 설명한다. 인간 본성에는 인정을 받고자 하는 욕구가 있어 어려서는 부모의 관심과 인정을 받기 위해 부모가 좋아하는 것을 하기도 하고 반대로 싫어하는 것을 함으로써 관심을 끌기도 한다. 아들러는 이를 하나의 권력욕구라고 확대하기도 했다.

미국의 정신과 의사로 23세에 상담사가 되어 수많은 상담을 하였고, 현실치료를 창시한 윌리엄 글라써_William Glasser_는 폭력과 분노를 표출하는 가장은 대부분 가정의 테두리 밖에서는 권력을 행사하지 못하는 사람들이라고 말한다. 남편은 아내와 아이들을 지배함으로써 권력욕을 채우려 하는데 이 상황에서 가족이 할 수 있는 일은 굴종밖에 없다. 그럼에도 남편의 권력욕은 채워지지 않아 문제가 생긴다.

부부와 가족관계에서도 권력은 중요한 역할을 한다. 권력이란 상대에게 영향력을 행사한다는 것이다. 우리는 지극히 사적인 가족관계에서도 매일, 아니 매 시간 권력을 사용한다. 약속을 누가 정하고, 벽지의 색깔은 누가 선택할 것인지, 가족의 규칙을 누가 만들 것인지 등을 통해 권력을 행사한다. 가족 안에서의 권력 행사는 가족의 중요한 일에만 행사되는 것이 아니다. 소소한 일상의 문제들, 이를테면 자녀를 어느 학원에 보내고, 어떤 옷을 살 것인지와 같은 일에서도 가족 간 권력의 역학관계가 드러난다.

# 숱한 이유로 부부싸움을 하지만 근원은 하나

결혼생활을 시작하는 순간부터 주체인 두 남녀는 가정에서 각각 고유의 영역을 책임진다. 남편은 주로 경제 활동을 담당하고, 아내는 집안일과 자녀 양육을 떠맡는다. 겉보기에는 남편의 역할이 더 중요하고 더 많은 권력을 소유할 것 같지만 내면을 들여다보면 꼭 그렇지만은 않다. 집안일과 자녀 양육을 담당하는 아내는 가정의 모든 일들을 관할한다. 이 관할권은 아내가 가정 안에서 권력을 형성할 수 있는 원천이 된다. 겉보기와 달리 가정의 실제 주인은 아내이다.

독일의 아동심리학을 대표하는 학자로 부모와 아이의 진실한 만남을 이어 주는 '붙들어 주기 요법'을 창시한 이리나 프레코프Jirina Prekop는 아이들과 사이가 좋은 아빠는 단순히 아이들과 잘 놀아 주는 다정한 아빠가 아니라고 한다. 무엇보다 아내와 사이가 좋은 아빠라고 말한다. 아이들의 영역은 엄마의 영역에 속한다. 아빠가 아이들과 사이가 좋으려면 이것을 암묵적으로 지지해 주는 엄마가 있어야 한다. 가족 안에서 늘 외롭고 자기 자신이 단지 돈만 벌어다 주는 존재라고 느끼는 아빠들은 빨리 아내와의 관계부터 회복해야 한다. 그래서 아이들과 가까워지는 것을 아내로부터 허용받아야 할 것이다.

부부는 여러 가지 이유로 수없이 다투지만 실제 다투는 숨은 동기는 누가 더 힘을 가질 것인가에 있다. 내가 잘 알고 지내는 한 부부는 결혼 후 지금까지 6년 동안 싸우지 않은 날이 거의 없었다. 그런데 무엇 때문에 그렇게 싸웠냐고 물으면 기억이 잘 나지 않는다고 말한다. '그때마다 내용이 달랐다'는 것이 부부의 답변인데, 이것을 특별한 원인 없이 사소한 일로 매일 티격태격했다고 생각하면 큰 오해이다. 이 부부가 자주 다투었던 근원적인 이유는 가정에서 누가 더 권력을 행사할 것인가 하는 파워 게임에 있기 때문이다. 행복한 결혼생활을 위협하는 가장 큰 장해는 자신의 권력욕구를 만족시키려고 상대를 밀어붙이는 경우라 할 수 있다. 애정 결핍보다 권력의 파워 게임이 더 큰 위협 요소라는 것이다.

권력의 위계를 기준으로 부부관계를 나누면 크게 두 유형으로 분류할 수 있다. 그 하나는 '종속적 관계'이다. 부부 중 한 사람이 대부분의 판단을 내리고 결정을 하며, 상대 배우자는 거기에 수긍하고 복종하는 관계이다. 이런 부부는 권력을 두고 다투지 않는다. 정확하게 말하면 감히 싸우지 못하는 것이다.

이 유형은 공개적으로 다투지 않고 부부싸움의 횟수도 적다. 그러나 서로 사랑해서 다투지 않는 것이 아니기에 부부 간 갈등 요소는 안으로 쌓여 간다. 시간이 지날수록 권력의 '위'에 있는 쪽은 점점 고립됐다는 느낌이 커져 가고, '아래'에 있는 사람은 억압받고 무시당한다는 피해의식에 사로잡힌다. 이 경우 종속적인 배우자는 겉으로 드러나게 자기 의사를 표출하지는 못하지만 수동적으로 적대감을 표시한다. 은밀하고 드러나지 않는 방법으로 상대를 공격하는 것이다. 자녀들과 편을 짜서 배우자를 왕따시키는 것이 대표적인 방식이다. 더 소극적으로는 몸이 아파서 아무것도 못하겠다고 누워 버리는 방법도 있다. 일종의 파업을 통해 그동안 자신을 억압한 배우자에게 소심한 복수를 행하는 것이라고 할 수 있다.

두 번째 유형은 '대칭 관계'이다. 부부 간 쌍방의 힘이 서로 비슷하면 두 사람은 상대방에게 지시를 하거나, 비판하고 충고하려 한다. 그러다 보니 부부는 자주 싸우고 다툴 수밖에 없다. 누가 권력의 주도권을 행사할 것인지가 불분명하니 늘 충돌하기 쉽고 서로 가진 힘을 더 확대하려고 견제하고 다투게 된다. 이 유형은 자주 싸우기도 하지만 대등한 관계를 바탕으로 서로 이해하면서 민주적인 부부관계를 유지하기도 한다. 누군가 일방적으로 자기 의견을 밀어붙일 수 없기 때문에 비록 다툼이 있을지언정 서로의 의견을 조율해서 결정을 내린다. 외형적으로는 대칭 관계 유형의 부부가 더 많이 싸우지만, 쉽게 다툼이 일어나지 않는 종속적 부부관계 유형이 더 평온하고 행복하다고 말할 수는 없다.

## 오이디푸스 콤플렉스와 가족 질서

가족 문제를 부부 간 파워 게임이라는 관점에서 고찰하고 이를 바탕으로 '전략적 가족치료 모델'을 창시한 사람이 미국의 가족상담사인 제이 헤일리*Jay Haley*이다. 그는 가족 권력 싸움이 지나치거나 또는 한쪽이 불평등한 힘의 배분에 대해 참을 수 없는 지경에 이르면 가족의 위계질서가 무너지면서 큰 문제를 유발한다고 말한다.

여름 휴가를 앞두고 철수네 가족이 어디로 갈지 계획을 세우고 있다. 어머니와 아버지가 휴가 장소를 놓고 의견이 분분하다. 아버지는 계곡물에 발 담그고 선선한 바람을 즐길 수 있는 산으로 가자고 하고, 어머니는 휴양 시설이 좋은 바닷가로 가자며 서로 의견을 굽히지 않는다. 이때 철수가 끼어든다.

"아빠, 작년에도 지리산으로 휴가 갔다가 소나기가 와서 얼마나 고생했어요. 하마터면 빗속에 고립되어 뉴스에 나올 뻔했잖아요. 올해는 콘도가 있는 바다로 가요."

팽팽하게 균형을 유지하던 논쟁이 철수의 가세로 엄마 쪽으로 기운다. 아버지는 할 수 없이 자신의 의사를 접는다. 이것은 어느 집안에서나 일어날 법한 아주 평범하고 작은 일이지만, 권력이란 관점에서 볼 때 가족 간 위계질서에 혼란이 발생하는 순간이다.

가족 안에는 자연발생적인 위계질서가 존재한다. 자녀 세대와 부모 세대 간에는 각각의 일정한 위계질서가 놓여 있으며 먼저 가족에 들어온 순서대로 위계질서의 서열을 갖는다. 시간을 통해 서열을 얻으며 처음 태어난 아이가 그다음 태어난 아이보다 앞선다.

철수네 가족은 부모보다 하위에 속한 자녀가 결정자의 역할을 한 셈이 됨으로써 질서의 혼란이 일어난 것이다. 이처럼 어머니가 자녀와 밀착되어 있고 아버지가 소외된 경우 또는 자녀가 부모의 배우자 역할을 대신하는 경우에도 위계질서에 혼란이 일어난다. 물론 대부분의 가정에서 이러한 혼란은 일시적이지만, 이것이 구조화되면 엄청난 가족 갈등으로 발전하기도 한다.

우리가 흔히 말하는 오이디푸스 콤플렉스는 가족 위계질서에 관한 이야기이기도 하다. 오이디푸스는 어릴 때 아버지를 죽일 운명을 타고 났다는 예언으로 인해 죽임을 당할 뻔하였으나 겨우 죽음을 면하고 버려진 아이가 되었다. 오이디푸스는 어른이 되어 방랑하다가 우연히 사람을 죽이게 되는데 그가 바로 자신의 아버지였다. 오이디푸스는 남편을 잃고 미망인이 된 왕비와 결혼을 한다. 자신의 어머니인지는 꿈에도 모른 채. 그러나 얼마 뒤 모든 사실을 알게 되는 순간이 찾아온다. 아내이자 어머니이기도 한 왕비는 충격으로 자살하고 오이디푸스는 스스로 눈을 찌르고 방랑의 길을 떠난다. 그리스 비극인 오이디푸스 왕의 신화는 위계질서를 어긴 사람이 맞게 될 비극적인 최후를 경계하는 고대인들의 시각을 잘 보여 준다. 고대 사회로 갈수록 집단에서는 나이에 따라 서열이 정해지고 위계질서가 형성된다. 이런 위계질서는 집단의 생존을 위해 반드시 필요한 것이다. 누군가 이 질서를 어기게 되면 그 사람은 전체 집단의 생존을 위협하는 것으로 간주된다.

프로이트는 정서적 문제를 가진 사람은 이 시대에 존재하는 또 다른 오이디푸스라고 말한다. 프로이트가 인간의 내적 갈등의 원천으로 보는 오이디푸스 콤플렉스에는 바로 이런 질서의 법칙이 전제되어 있다. 그는 질서 문제에서 갈등하고 절망하는 인간의 모습을 상정한다. 인간이 질서를 어떻게 잘 극복하고 해결하는가에 따라 가정의 행복이 좌우된다.

겉보기에 지극히 평범한 한 가족이 있었다. 남편은 성실하게 일해서 직장에서 승승장구하고 아내는 열심히 종교 활동에 참여하는, 어떻게 보면 모범적인 가정이었다. 이런 가족이 상담실을 찾은 이유는 놀랍게도 첫째 딸의 자살 시도 때문이었다. 남편은 홀어머니 밑에서 성장하여 언제나 어머니에 대한 마음의 빚을 안고 있다. 남편이 아내를 택한 것도 착한 여자가 있으니 만나 보라는 어머니의 권유와 주선에 의한 것이었다. 이들 부부는 결혼 16년째이지만 여전히 가족의 모든 일은 남편과 어머니가 의논을 하고 결정한다. 남편의 배우자 역할을 하는 것은 아내가 아니라 어머니였다. 어머니와 남편 사이에 부인이 낄 자리는 없었다. 남편이 퇴근하고 돌아오면 먼저 맞이하는 것도 아침 출근 준비도 어머니의 몫이었다. 이런 역할의 혼선은 여기에서 그치지 않았다. 시어머니는 아들을 붙잡는 것만으로 만족하지 않고 아이들 엄마 역할까지 월권을 행사했다. 시어머니는 며느리의 양육 태도가 마땅치 않다며 늘 비난 섞인 말을 하였다. 초등학생 손주가 말을 안 듣고 떼를 쓰면

달래느라 절절 매는 며느리 보라는 듯이 달려와서 아이의 뺨을 호되게 때리며 야단쳤다.

"애를 이렇게 오냐오냐 키워서 어떻게 하니!"

시어머니는 아이 교육을 위한 시범을 보인다고 생각했던 것이다. 집안이 이렇게 굴러가는 데도 남편은 언제나 어머니 역성을 들거나 침묵하였다. 무기력해진 부인이 숨 막히는 가정의 탈출구로 선택한 것은 종교 활동이었다. 그런데 이 상황을 가장 견디기 힘들어했던 것은 아이들이었다. 아이들은 학교에서 돌아온 후 늘 할머니의 잔소리에 시달렸다. 할머니를 점점 싫어하면서 아이들이 방에서 나오는 횟수도 줄어들었다. 각자 방에 들어가 나오지 않았다. 자기 나름대로 손주들을 잘 키우려 애쓴다고 생각한 할머니 입장에서는 엄마 편만 들면서 자신을 인정하지 않으려는 아이들이 점점 실망스럽고 버릇없게 느껴졌다. 자연히 할머니와 손주들의 갈등은 심해졌다.

"할머니 제발 우리 남매와 엄마를 그만 괴롭혀요."

견디다 못한 첫째 딸이 편지를 써놓고 자살을 시도하였다. 다행히 목숨을 건졌으나 온 가족이 충격에 빠졌다.

이 가족의 문제는 가족 위계질서의 혼란에 있다. 남편을 잃고 남편 대신 의지해 온 아들을 결혼시킨 뒤에도 여전히 놓아

주지 않는 홀어머니들이 많다. 그런데 권력에 대한 욕망은 무한하다. 아들의 아내 자리에 만족하지 않고 아이들의 엄마 역할까지 차지하려던 할머니의 행동이 이 가족을 흔들어 놓은 것이다. 결국 할머니의 지배욕구는 가족의 위계질서를 무너지게 만들었다. 배우자의 역할은 부부 안에서 이루어져야 하며 조부모는 조부모의 자리에 서 있어야 한다.

한 사람만 위계질서를 무너뜨려도 온 가족이 혼란에 빠진다. 이 가족의 갈등을 해결하는 방법은 세대 사이의 위계질서를 회복시키는 것이다. 가족의 위계질서가 적절하게 작동하기 위해서는 경계선이 분명하게 있어야 한다. 이 가족의 경우 무너진 질서를 다시 세우기 위해 경계선 설정 작업이 필요하다. 남편을 아내와 아이들 쪽으로 오게 하고 할머니를 분리시키는 것이 좋다. 그러나 오랜 습관 탓에 할머니를 자신의 위치로 완전히 분리시키기는 쉽지 않다. 따라서 할머니보다는 남편이 움직여 주어야 한다. 남편이 태도를 바꿈으로써 질서가 자리 잡히면서 혼돈의 가정에 안정이 찾아올 것이다.

## 14장
# 문제 가족 안에는
# 희생양이 있다

아내와 가끔 부부싸움을 하고 나면 이 소식은 금방 부모님에게 전달이 된다. 분쟁 지역 전문 리포터라도 되는 듯 신속하고 정확하게 싸움 현장을 전달하는 존재는 다름 아닌 아들 녀석이다. 부부 사이에 갈등이 일어나면 아들은 친할아버지에게 급하게 전화를 해서 사건의 전모를 전한다. 그런데 그다음 반응이 놀랍다. 으레 아버지는 내가 아닌 아내에게 전화를 건다.

"착한 네가 참아라, 그 애 성격 그런 것 원래부터 다 알잖니, 네가 얼마나 힘들겠니?"

우리 부부 사이에 냉전이 일어나면 부모님이나 여동생은 내 편을 들지 않고 언제나 아내 편을 든다. 내 여동생은 한술 더 떠서, 가족들이 다 모인 자리에서 이렇게 말한다.

"아유, 착한 언니 덕분에 우리 가족이 화목하지. 난 정말 언니가 고마워. 오빠 같은 사람을 언니가 아니면 누가 건사하겠수.”

부모님이나 여동생의 이야기대로라면 항상 문제아는 나고, 아내는 잘 참고 살아 주는 착한 며느리라는 이야기이다. 우리 가족이 모이면 자주 벌어지곤 하는 것이 나의 실수나 잘못을 끄집어내어 도마에 올리는 성토대회이다. 가족 모두가 열을 올리며 나의 실수를 비난하느라 시간 가는 줄 모르는데 결론은 언제나 이런 문제 많은 사람을 잘 견디며 참고 살아 주는 아내가 그지없이 착하다는 식으로 끝난다. 사정이 이러하다 보니 사실 우리 집안에는 그 흔한 고부 갈등이나 시누이와의 갈등이 거의 없다.

이제 익숙해진 나도 이런 상황 탓에 가끔씩 부아가 치밀긴 하지만, 그렇다고 가족 전체를 향해 항변할 힘도 없다. 가족 테두리를 벗어나면 나도 명색이 대학 교수로서 많은 제자들을 가르치고 있으며 여러 사회 활동에 참여하면서 때때로 칭찬과 존경의 대상이 되기도 한다. 그러나 우리 가족 안에서 나는 교수가 되기 이전이나 지금이나 상관없이 여전히 문제아로 여겨지고 있다. 이런 모습은 하루아침에 생긴 것은 아니다. 이는 아주 오래된 우리 집의 행동 패턴이고 나는 일종의 ‘가족 희생양’이었던 것이다.

## 가족 희생양 메커니즘,
## 문제아 vs. 영웅

스탠퍼드 대학 교수였으며 프랑스의 현대 지성을 대표하는 문화 연구가인 르네 지라르_Rene Girard_는 신화와 설화에 대한 분석을 통해 인간이 직면한 문제를 해결하는 가장 원초적인 수단이 바로 '희생양 메커니즘'이라는 사실을 밝혔다.

한 사회 안에 불안, 불만과 갈등이 일어났을 때 가장 적은 대가를 치르고, 일시적으로 가장 높은 효과를 낼 수 있는 대응책은 누군가 또는 일부 소수자들에게 문제의 책임을 전가시키는 것이다. 책임으로 지목된 사람에게 증오와 분노 그리고 적대감을 터뜨리게 함으로써 결과적으로 사회의 혼란과 갈등을 무마하고 일시적으로 질서를 찾는 방식이다. 유럽 역사에서 자주 일어났던 유대인 박해나 마녀 사냥은 사회가 처한 문제와 위기를 해결하기 위해 희생양 메커니즘이 작동된 사례라는 것이 그의 분석이다. 그에 따르면 희생양 메커니즘은 인류의 시작과 더불어 기능하였으며 모든 문화와 시대를 초월하여 문제와 위기에 대한 인간의 기본적 대처 방식이었다. 지라르가 밝힌 희생양 메커니즘은 국가나 마을 공동체와 같은 커다란 집단에만 존재하는 것이 아니다. 인간의 가장 작은 사회 단위인 가족 안에도 이러한 메커니즘은 존재한다.

가족 희생양은 가족 중 한 사람의 희생으로 가족 구성원 전체가 평화와 안정을 유지하는 것을 일컫는다. 가족 희생양의 원인은 대체로 부부 갈등이다. 일반적으로 부부 갈등의 회피 수단으로 희생양이 만들어진다.

세계적 가족상담사로서 미국 PBS 방송에서 자신의 이름을 건 가족상담 프로그램까지 진행한 바 있는 존 브래드쇼는 가족 희생양 역할을 하는 자녀들의 모습을 다음과 같이 열거한다. 부모의 부모 역할, 어머니, 아버지의 친구, 어머니의 우상, 아버지의 우상, 영웅, 완벽한 아이, 성자, 어머니 아버지에게 용기를 주는 아이, 악당, 귀염둥이, 운동선수, 가족 내 평화주의자, 가족 중재자, 실패자, 순교자, 어머니의 배우자, 아버지의 배우자, 광대, 문제아 등. 이 다양한 역할 중 가장 대표적인 것이 바로 '문제아'와 '영웅' 캐릭터이다.

'문제아'의 역할을 맡은 자녀는 억울하게도 여러 가족 문제의 원인 제공자로 비난받는다. 한번 문제아로 지목된 자녀는 가족 안에 야기되는 긴장과 불안에 극도로 예민해져서 식구들의 관심을 끌기 위해 더욱 비난받을 짓을 하는 식으로 반응한

문화 연구가 르네 지라르는 신화와 설화에 대한 분석을 통해
인간이 직면한 문제를 해결하는 가장 원초적인 수단이
바로 '희생양 메커니즘'이라는 사실을 밝혔다.
인간의 가장 작은 사회 단위인 가족 안에도
이러한 메커니즘이 작동한다.
가족 희생양은 가족 중 한 사람의 희생으로
가족 구성원 전체가 평화와 안정을 유지하는 것을 일컫는다.
가족 희생양의 원인은 대체로 부부 갈등이다.
부부 갈등의 회피 수단으로
희생양이 만들어지는 것이 일반적이다.

다. 역설적이지만 문제아는 나쁜 짓을 함으로써 가족이 느끼는 고통과 분노를 자신에게 돌리게 만들어 가족의 결속을 이루는 데 중요한 역할을 한다. 가족은 희생양의 역할을 통해 일시적인 평화와 안정을 갖지만 가족 희생양이 된 자녀는 죄책감과 열등감 그리고 높은 불안감을 피할 길이 없다.

모든 자녀가 희생양의 역할을 골고루 떠맡는 것은 아니다. 희생양이 되도록 '선택'된 자녀가 있기 마련이다. 따라서 희생양을 제외한 다른 자녀들은 전혀 방해받지 않고 어린 시절을 마음껏 누릴 수도 있다. 그럼 왜 유독 한 아이만 부모를 위해 특별한 역할을 맡게 되는가? 부모에게는 누구든 한 사람만 그 역할을 맡으면 충분하기 때문이다. 희생양이 된 자녀는 감수성이 예민하고 겁이 많은 아이라는 공통점이 있다. 부모의 고통스런 상태를 재빨리 알아챌 수 있을 정도로 예민하고, 죄책감을 과도하게 갖고, 버림받는 것에 대한 두려움을 느낄 만큼 겁이 많고 조화를 갈구하는 아이인 경우가 많다.

독일 하이델베르크 대학 교수로 가족치료의 선구자로 불리는 스티얼린Helm Stierlin은 '영웅'의 역할을 수행하는 가족 희생양이 어떻게 선택되는지를 '위임delegation'이라는 개념을 통해 설명한다. 위임은 누군가를 대신해 임무를 수행하는 것을 뜻한다. 즉 자녀가 부모를 대신하여 부모의 오랜 바람을 풀어 주는 역할을 수행하는 것이다.

일반적으로 부모 자녀 관계에서 부모는 자녀를 돌보고 자녀는 부모에 대한 신뢰와 사랑을 받는다. 자녀는 부모에게 같은 방식으로 돌봄을 돌려줄 수는 없지만 부모에게 충성심을 보임으로써 자신의 은혜를 갚으려고 하는 것이 보편적인 정서이다. 스티얼린은 부모가 자녀의 충성심을 이용하여 자신의 욕구를 충족하려는 경우가 종종 있다고 말한다. 예를 들면 공부에 대해 한을 갖고 있는 부모는 자녀가 열심히 공부해서 좋은 학력을 갖기를 기대한다. 부모가 원하는 것이기 때문에 자녀는 자신의 욕구를 억누른 채 부모의 기대에 부응하면서 공부에 모든 것을 걸고 성장기를 보낸다.

자녀 교육에 열을 올리는 엄마가 아들에게 말한다.

"열심히 해서 서울대 가면 너 좋은 거지, 엄마가 서울대 가니?"

사실 누가 서울대를 가고 싶은 걸까? 엄마가 서울대를 가고 싶은 것은 아닐까? 엄마는 물론 아들을 위해서 하는 말이라고 생각하지만, 그 밑바닥에는 엄마의 욕망이 서려 있다. 영웅 역할을 맡은 희생양은 부모가 이루지 못한 꿈을 실현시키기 위해 위임된다. 이 경우 자녀는 예를 들어 의사, 법관, 교수, 성직

자, 스포츠 스타가 되어 부모가 이루지 못한 꿈을 완성해야만 한다. 자녀가 하나의 사명을 안고 파견되는 사절단처럼 반드시 이루어야 할 과제를 떠맡는다.

## "아버지 때문에 내 인생은 철저히 망가졌어요"

상담실에서 마주한 진혁 씨는 아버지에 대한 분노를 강하게 갖고 있었다. 이제 서른을 넘긴 그는 30년 동안 한번도 자기 인생을 살지 못했다고 말한다. 진혁 씨의 아버지는 자수성가한 분이다. 너무나 가난해서 공부를 하지 못했지만 뛰어난 사업 수완을 발휘하여 성공하였다. 그러나 아버지에게는 공부에 대한 한이 있었다. 행정고시에 합격하는 것이 꿈이었지만 가정 형편으로 이루지 못했다. 주변에서도 당신이 공부를 해서 고시를 보았다면 분명히 합격했을 거라는 말을 많이 했다. 아버지는 자신이 이루지 못한 꿈을 이루기 위해 자녀를 대신 내보낸다. 아내가 셋째 아들인 진혁 씨를 임신했을 때 아버지는 아이에게 왕관을 받는 태몽을 꾸었다. 아버지는 셋째를 자신이 못 다한 꿈을 이루어 줄 아들로 여겼다. 셋째 아들은 태어난 순간부터 행정고시 준비생으로 키워졌다. 형들에 비해 더 좋은 대접과 우대를 받으며 장차 행정고시에 합격할 귀하신 몸으로 성장했다. 그러나 이 모든 것은 그의 의지나 욕구와는 상관이 없는 것이었다. 아버지에 의해 행정고시를 준비하게 되었지만 동기가 부족한 아들은 번번이 떨어졌다. 고시 공부에 지쳐 아버지의 반대를 무릅쓰고 회사에 취직을 하였지만 아버지는 여전히 회사를 그만두고 고시를 준비하라고 윽박지른다.

자신의 인생을 빼앗아 간 아버지에 대한 원망, 한편으론 아버지의 꿈을 이루지 못했다는 스스로에 대한 깊은 죄책감과 자책감으로 진혁 씨는 이중의 고통을 받고 있었다.

스티얼린은 부모의 못 이룬 한을 해결하기 위해 한번 위임된 자녀는 자신에게 주어진 사명에서 벗어날 수 없다고 말한다. 그는 이와 관련해서 '탈출죄'라는 표현을 쓴다. 이것은 자녀가 부모에게 부여받은 사명을 완수하지 못한 경우 평생을 통해 깊은 죄책감에 시달린다는 것이다. 이런 희생양과 부모 사이에는 착취 관계가 존재한다. 자녀는 자기의 인생을 살고 스스로 선택할 수 있는 모든 가능성을 빼앗기고 결과적으로 착취당한 것이다. 부모에 의해 착취당한 자녀는 자신의 욕구를 제대로 돌보지 못하는 결핍 상태로 성장한다. 부모의 욕구를 성취한다고 해서 자녀가 이 결핍에서 해방되는 것은 아니다. 성취는 부모를 위한 것이지, 자신의 것이 아니기 때문이다. 가족 희생양은 부모에게는 '영웅'이 될지 모르나 그동안 자신을 위한 삶이 존재하지 않았기에 설사 목표를 이룬 후에도 자신의 삶은 정작 무엇인지, 어떻게 하면 그에 다다를 수 있는지 제대로 파악하지도 수행하지도 못하는 상태에 처한다.

## 임시변통에 불과한 가족 희생양

성실한 교사로 정평이 난 연화 씨가 상담실에 찾아올 때마다 '내 슬픔을 등에 지고 가는 자'라는 표현이 절로 떠오른다. 인디언들은 '친구'를 이렇게 표현한다고 들었다. 연화 씨는 친구가 아니라 가족의 무게를 항상 홀로 등에 업고 다녔다. 그녀는 4남매의 장녀로 태어났는데 집안에서의 역할은 장녀 그 이상이었다. 술과 도박, 친구들을 너무나 좋아해서 늘 집 밖으로만 돌고 경제적으로는 별 도움이 안 되는 아버지, 그런 남편을 뒷바라지하면서 건강을 잃은 어머니 대신 연화 씨는 가장 아닌 가장 역할을 해 왔다. 지쳐 있는 어머니 병간호나 나이 어린 동생들을 돌보는 일이 모두 연화 씨의 몫이었다. 가족을 위한 희생은 교육대학을 나와 선생님이 되고 결혼을 하여 가정을 꾸린 이후에도 그치지 않았다. 연화 씨의 동생들은 뚜렷한 직장을 잡지 못하여 여전히 수입이 변변찮다. 나이가 들수록 병약해지는 어머니나 아버지의 치료비를 대고 병원을 들락거리느라 연화 씨는 아직 30대 중반의 아름다운 나이임에도 유명 브랜드 옷 한번 사 입어 본 일이 없다. 남편 눈치도 있는 대로 살피면서 친정에 무슨 일만 생기면 달려가는 생활이 결혼 이후 쭉 이어지고 있다. 가족들에게 연화 씨는 물론 영웅이고 슈퍼맨, 아니 슈퍼우먼이다. 4남매 중 유일하게 전문직으로 일하며 언제나 가족을 돌보느라 애쓰는 믿음직한 맏이다.

"며칠 전 아버지가 전화를 하셨어요. '이젠 너도 좀 쉬어야 하지 않겠니'라고 말씀하시는데 얼마나 펑펑 울었는지 몰라요."

슬픔을 등에 업은 연화 씨의 심정에 충분히 공감이 갔다. 걱정스러운 마음에 "이젠 너무 가족만 걱정하지 말고 마음을 편하게 가지세요"라고 말해 주었다.

"그런데, 선생님. 이젠 제 자신을 멈출 수 없어요. 제가 없으면 친정 식구들이 다 무너지지 않을까 너무나 불안해지는 걸요."

가족 희생양으로 살아온 연화 씨는 동생들이 모두 성인이 된 상황에서도 여전히 예전 관행에서 좀처럼 벗어나지 못한다.

어떻게 하면 연화 씨가 가족 희생양의 역할에서 벗어나 자유로운 삶을 살 수 있을까?

연화 씨는 먼저 과감하게 등에 업고 있는 불안과 책임감을 잠시 내려놓을 수 있어야 한다. 일반적으로 가족 희생양의 역할을 하는 사람들은 '내가 이 일을 하지 않으면 가족이 흔들리지 않을까' 염려한다. 그러나 사실 가족 희생양이 가족의 문제를 근원적으로 해결해 주지는 못한다. 다만 문제가 드러나지 않게 또는 임시적으로 문제를 덮도록 간신히 버텨 줄 뿐이다. 연화 씨만 해도 진작 가족 희생양 역할을 중단했다면 훨씬 빨리 아버지가 정상적인 가정생활로 돌아왔을지도 모른다. 또한 이미 성인이 된 동생들도 언니 또는 누나인 연화 씨에게만 기대지 않고 제 힘으로 서려고 더 노력했을 것이다.

분명 인디언들이 친구를 대하듯이 서로가 서로의 슬픔을 등에 지고 가 줄 수 있다면, 그처럼 아름다운 관계도 없을 것이다. 그러나 염려스러운 마음에 아무리 대리 역할을 하려 해도 자녀는 자녀일 뿐 부모가 될 수 없다. 가족관계에서 스스로 맡아야 할 그 이상의 역할은 내려놓는 것이 바람직하다. 저마다 자신의 역할을 인식하는 바로 그 지점에서 오히려 가족의 긍정적인 변화가 시작된다.

# 15장

# 가족 착취라는 괴물

딸에게 엄마는 늘 엄격하고 냉정하였다. 갑자기 장대 같은 비가 쏟아져도 단 한번도 우산을 들고 학교로 마중 나온 적이 없다. 다른 엄마들은 학교 정문 앞에서 기다렸다가 하교하는 아이들에게 우산 씌어 주기 바쁜데 그녀의 엄마는 그러지 않았다. 외출이라도 한 걸까. 그러나 쏟아지는 비를 맞고 집으로 돌아오면 엄마는 아무 일 없다는 듯 태연한 얼굴로 딸을 기다리고 있었다. 성인이 된 어느 날, 딸은 엄마에게 학교 다니던 시절의 이야기를 물었다. 왜 다른 엄마들처럼 우산을 들고 학교에 오지 않았는지.

"다 너를 강하게 키우려고 그런 거야."

엄마는 대수롭지 않게 대답하였다. 딸은 이해할 수 없었다. 혹시 주워온 아이는 아닌지, 아들이 아니라 딸이라서 소홀하게 취급받는 것인지 어린 시절 마음 한 곳에 멍울을 남겼던 일이 고작 그런 이유 때문이었다니….

초등학교 1학년 담임을 맡은 교사는 늘 학교에 오면 꾸벅꾸벅 조는 한 아이가 신경 쓰였다. 대체 밤에 뭘 하고 늘 학교에서 졸고 있는지 물었더니 아이의 대답이 놀라웠다. 매일 밤마다 집 앞에 있는 산에 올라가서 운동을 하고 온다는 것이었다. 그것도 아직 쌀쌀한 초봄 날씨에 웃통을 벗고 산을 뛰어오른다니 교사는 이 아이가 무슨 무술 영화라도 보고 저런 소리를 하는가 싶었다. 시간이 지나도 아이의 학습 태도가 바뀌지 않자 교사는 부모 면담을 요청했다. 교무실로 찾아온 학부형에게 아이의 말을 전하면서 과연 사실인지를 물었다. 아버지는 정색을 하고 확신에 찬 어투로 대답했다. 아들놈을 사나이답게 키우려는 훈련이라는 것이다. 매일 밤마다 발가벗겨서 산을 뛰어오르게 한 뒤에야 잠을 재운다는 것이다. 뭐 잘못된 점이라도 있는지 오히려 되묻는 아버지 모습에 교사는 무슨 말을 해야 할지 당황스럽기만 했다.

두 사례는 우리 모두를 당혹하게 만든다. 가정에서 발생하는 많은 상처가 대개는 선한 의도와 동기에서 출발한다. 가족을 힘들게 하고 고통스럽게 하려는 목적은 결코 아니다. 그러나 동기 자체는 나쁘지 않을지 모르나 방법 면에서 문제가 너무나 많다.

애착 이론의 선구자라 할 수 있는 존 보울비John Bowlby는 아동기에 부모의 애정 결핍으로 고통받은 자녀가 부모가 되면, 자기 자신을 결핍으로 이끌었던 상황을 똑같이 재현하는 경향을 보인다고 말한다. 어릴 적 부모에게 억눌렸던 자기 욕구와 보상심리를 현재의 배우자와 자녀를 통해 해소하려는 경향이 있다는 것이다. 즉 상처 받은 아이는 자라서 지금의 가족들에게 그 상처를 되풀이한다.

## 가족을 힘들게 하는 사람

'착취'라는 말은 원래 사회학 용어로, 마르크스주의에서는 생산수단을 소유한 계급이 하위의 노동계급의 생산물을 정당한 대가를 치르지 않고 취득함을 뜻한다. 즉 착취는 계급 관계에서 발생한다. 그러나 생활 속에서 일어나는 착취는 같은 계급 간에도 심지어는 가족 내에서도 종종 벌어진다. 가정에서 우월한 지위에 있는 부모가 어린 시절에 받은 상처를 해결하

기 위해 자녀를 이용한다면 이 또한 착취라 할 수 있다. 보스
조르메니 나지는 이렇게 부모에게 이용당한 자녀가 자신이 당
한 것을 다시 되돌려 주려 할 때 행사하는 권력을 '파괴적 권리
destructive entitlement'라고 이름 붙였다.

우리말에 '본전 생각난다'는 말처럼 자기가 당한 만큼, 아니
그 이상으로 자기보다 못한 대상에게 권력을 행사하는 경우는
흔하다. 엄한 시어머니 밑에서 귀머거리 3년, 장님 3년, 벙어리
3년을 지낸 며느리가 뒷날 며느리를 맞을 때쯤에는 똑같이 모
진 시어머니가 되는 것과 같은 이치이다. 하급자 시절 폭력에
시달린 군인들이 진급하면 다시 이등병들에게 구타와 얼차려
를 일삼는 상급자가 된다. 한국 군대의 고질적인 폭력과 구타,
하급자 괴롭히기의 기저에도 이러한 '파괴적 권리 행사'가 자리
잡고 있다. 자녀가 성인이 되어 과거에 받은 상처를 되돌려 주
려고 하면 새로운 자녀 세대가 다시 착취당하고 이용당하게 된
다. 이로써 가족 문제는 계속해서 세대를 이어 전수된다.

그런데 남남이 아닌 가족관계에서 이러한 파괴적 행동은 세
상에서 가장 믿고 의지해야 할 대상인 가족마저 신뢰할 수 없
다는 마음의 고통을 남긴다. 파괴적인 권리를 행사하는 사람은
가족을 쓸데없이 힘들게 한다. 무리하고 엄격한 규칙으로 가족

을 옭아매고 괜히 힘들게 한다. 얼마든지 편안하고 행복할 수 있는 가족이 비정상적인 행동을 통해 가족 모두가 고통을 받으며 이로써 가족의 자원이 낭비된다.

　내가 상담한 한 대학생은 아버지와 극심한 갈등을 겪고 있었다. 학생은 아버지가 간식을 사들고 오는 날은 완전히 고역을 치르는 날이라고 말한다. 보통 아버지가 군것질거리를 사오면 모든 가족들이 즐거워하지만 이 학생의 가정은 아니다. 아버지는 사 온 음식을 하나도 남기면 안 된다는 원칙을 가지신 분이다. 음식을 남기는 것은 죄악이기에 모두 억지로라도 먹어야 한다. 아버지는 어린 시절 군것질은 상상도 못하는 가난한 가정에서 자랐다. 당연히 음식은 귀하고 소중한 것이었다. 시대가 변했다. 굶주림을 모르고 자란 세대에게 간식은 단지 간식일 뿐이다. 배가 부르면 남길 수도 있는 것이다. 그러나 아버지는 가족들이 음식 남기는 것을 용납하지 않았다. 아버지의 강요는 가족들을 힘들게 했다.

# 과거 상처를 해결하려는
# 무의식의 악순환

무고한 상대를 이용하여 과거의 상처를 해결하려는 시도는
가족들 마음에 깊은 상처를 남긴다. 파괴적 권리는 개인적인 차
원에서 작동되지 않고 가족의 조직과 힘에 의존하여 움직인다.
가족의 규칙, 비밀, 위계질서를 통해 파괴적 권리를 행사하며 여
기에 아무도 이의를 제기하거나 누설하지 못하고 순응하게 만
든다. 이런 가족은 관계가 공허하기 때문에 모두들 내면에 감정
상처를 깊게 입은 채 가족이라는 허울만 가지고 살아간다.

내가 아는 어떤 분은 남편이 빌딩을 포함해 100억이 넘는
자산가인 데도 매일 힘들게 보험설계사로 일한다. 주변에서는
돈 욕심이 끝이 없다는 둥 대체 얼마나 더 재산을 모으려고 그
렇게 일하느냐는 둥 말들이 많다. 하지만 정작 이 부인은 결혼
후 남편에게 생활비란 것을 받아본 기억이 거의 없다.

남편은 어린 시절 너무나 가난한 가정에서 자랐고 돈 때문
에 부모가 이혼하는 아픔까지 겪었다. 모든 고통이 돈 때문에
생긴 거라고 여긴 그는 악착같이 돈을 모으기 위해 살았다. 젊
어서부터 한눈팔지 않고 일만 하였다. 다행히 사업 수완이 좋

아 일찍 큰돈을 벌 수 있었다. 그러나 자신이 힘들게 모은 재산은 가족을 위한 것이 아니었다. 오직 어린 시절 부모에게 버림받고 외롭게 살아야 했던 과거에 대한 복수일 뿐이었다. 큰딸을 시집보낼 때도 혼수는 고사하고 입던 옷가지를 담은 가방 두 개만 들고 가게 할 정도로 남편은 돈 쓰는 일에 인색했다. 안타깝게도 가족들은 그의 인색함에 지쳐 오직 그가 하늘로 올라가는 날만을 기다리며 살고 있다.

어린 시절 부모가 부당하게 파괴적 권리를 행사하여 고통받은 자녀들은 이로 인해 죄책감, 분노, 수치심, 우울, 격분과 같은 감정들을 내면에 쌓는다. 이 자녀는 사랑받고, 존중받아야 할 자신의 권리가 부당하게 착취되었다고 느끼고 무고한 상대에게, 즉 자신의 배우자 또는 자녀들에게 자신에게 일어났던 똑같은 방식으로 파괴적 권리를 사용할 가능성이 높다. 이러한 파괴적 권리는 세대 전수로 이어지며 다음 세대로 가정의 불행을 전수시킨다.

우리에게 상처를 준 부모는 괴물이 아니다. 대부분의 경우처럼 그들 역시 험난한 세월을 살아왔고 부당한 가족관계에서 피해를 입었던 평범한 사람들에 불과하다. 우리 역시 이러한 반복성을 이해하지 못하면 늘 되풀이되는 악순환에서 벗어나지 못한다. 인간은 흔히 순환 과정에 자기도 모르게 빠져들곤 한다. 부모에게 당한 파괴적 권리를 다음 세대에게 되풀이하는 행동은 의식적으로 하는 것이 아니다. 무의식적으로 일어나기 때문에 문제를 인식하는 순간 이미 자신이 불행의 악순환에 놓여 있음을 발견한다. 악순환의 고리를 끊으려면 뒤엉킨 고르디우스의 매듭을 단칼에 끊어 버린 알렉산더 왕의 지혜 또는 결단력이 필요하다.

어린 시절 충분한 사랑과 인정을 받지 못한 어머니는 자신의 아이를 보면서 무의식중 지난날의 상처를 떠올리게 된다. 이 경우 매듭을 끊지 못했을 때 나타나는 양상은 두 가지다. 어린 시절에 자신이 경험했듯이 사랑과 인정을 주지 못하는 어머니가 되거나 반대로 상처를 보상받기 위해 과도하게 아이에게 희생하는 어머니가 된다. 자녀에게 상처를 반복하는 것도 문제지만 과도한 돌봄 역시 바람직하지 않기는 마찬가지다. 이를 통해 과거에 받지 못한 사랑과 인정을 보상받으려는 심리가 밑바닥에 깔려 있기 때문이다. 또한 이러한 심리는 자녀에게 큰 부담을 남긴다.

부모가 자녀에게 베푸는 사랑은 아무런 기대와 대가를 바라지 않는 사랑이어야 한다. 부모가 자녀에게서 어떤 식으로든지

'본전' 생각을 해서는 안 된다. 부모는 자녀에게 무조건적으로 베풀고, 자녀는 다시 부모가 되어 그것을 자신의 자녀에게 돌려주면서 돌봄과 베풂이 세대를 통해 내려가는 것이 결국 인류의 삶을 면면히 이어지게 하는 기본 원리이다.

# 16장

# 바람피우는
# 남편

얼마 전까지도 후텁지근하더니 어느새 스산한 가을바람이 불어온다. 연구실에서 보이는 교정의 나무들도 알록달록 변해가기 시작한다. '스치는 바람, 떨어지는 낙엽 그리고 찻물 끓는 소리'가 어울리는 계절이다. 또한 이 시기는 평소 우직할 것만 같은 남자들의 마음이 조용히 움직이는 때이기도 하다.

심리학자 또는 가족상담사들은 남의 가정사에 대해서는 균형 잡힌 관찰과 조언을 아끼지 않지만 정작 당사자들이 꼭 그렇게 삶을 사는 것은 아니다. 유명 정신분석학자들 가운데 이혼과 외도로 힘든 가정생활을 영위한 사람들도 흔하다. 그러나 프로이트는 결혼생활에 대해서만큼은 철저한 자기 관리와 통제력을 일관되게 유지했다. 평생 곁눈질 하지 않고 오직 아내만 바라보고 살았다. 이런 프로이트조차도 자기의 학문과 작업

세계까지 아내와 공유하지는 못했던 모양이다. 프로이트가 사망한 뒤 그의 정신분석 업적에 대해 말해 달라는 한 기자의 요청을 받았을 때 프로이트 아내가 "정신분석은 외설문학의 한 형태 아니에요?"라고 반문한 것은 유명한 일화이다. 아내가 남편의 학문이나 일을 이해하지 못한다면, 두 사람 간의 대화는 자연히 한정되었을 것이고 그만큼 교감의 깊이가 얕았을 것이다. 그럼에도 프로이트가 한눈팔지 않고 가장이자 남편으로서 충실했다는 것은 그의 엄격성을 보여 준다. 그러나 모든 사람들이 프로이트와 같지는 않다.

유럽에서 여성은 최소한 5명 중 1명이, 남자는 2명 중 1명이 외도의 경험을 갖고 있다는 조사 보고가 있다. 오스트리아의 심리학자로 상담 프로그램을 진행하는 게르티 젱거Gerti Senger는 '기혼 남성 10명이 모이면 그 중 절반은 외도 중이거나 이미 외도의 경험을 갖고 있는 사람'이라고 단언한다. 그만큼 부부 생활을 하면서도 외도는 흔하게 이루어진다.

## 가정에 충실한 남성이
## 바람피우는 이유

남자는 보통 결혼 후 3, 4년부터 외도의 욕구를 느낀다. 아니 사실 이는 일반화시킬 수 없는 문제이기도 하다. 예외적이긴 하지만 자신의 결혼식장에 하객으로 온 아름다운 여성에게 마음을 빼앗겨 외도의 욕구를 느끼는 경우도 있으니 말이다. 심리학에서는 이런 사람을 성중독자로 분류한다. 그러나 이런 특수한 경우를 제외하더라도 외도 욕구는 많은 남성들에게 잠재되어 있다.

성실하게 직장을 다니고 주변에서 능력을 인정받는 남자는 외도를 피해갈까? 그렇지 않다. 외도는 가정과 일에 충실하지 않은 남자의 전유물이 아니다. 오히려 그 반대일 수 있다. 치열한 경쟁과 긴장 속에서 자기 관리를 잘하며 인정받는 남자는 생각보다 외로운 경우가 많다. 직장과 가정에서 주어진 역할을 훌륭하게 수행하느라 자신을 돌볼 기회를 잃어버렸기 때문이다. 이로 인해 자신도 모르는 사이 내면에 깊은 외로움이 쌓여 간다. 또 우리나라 성인 남성들은 대학교를 졸업한 후 직장과 가정에 충실하다 보면 점점 개인적으로 친밀한 관계들이 사라진다. 친밀감의 결핍이 쌓이고 공허하고 외로운 마음이 가슴 한 구석에 자리 잡는 순간, 외도를 가능하게 해 줄 상대가 나타나면 마음이 흔들리게 마련이다.

평소 성실했던 사람은 직장과 가정을 유지하느라 소모된 에너지를 외도를 통해 얻으려고 한다. 일탈 행동을 통해 고정되어 있던 생활방식에서 벗어나는 것이다. 외도를 하면서 삶의 활력과 에너지를 보충하려고 한다.

남자는 바람을 피우는 상대가 결혼을 요구해도 요리조리 피하면서 아내와 이혼할 생각은 하지 않는다. 오히려 외도를 하고 집에 들어온 날 아빠로서 남편으로서 역할에 더 충실한 경우가 많다. 본능적으로 발달한 아내들의 외도 탐지 레이더를 무색하게 한다. 외도하는 남자들이 이런 능력을 발휘하는 것은 지능적이거나 상습적이기 때문보다는 아내와 아이들을 잃고 싶지 않은 바람 때문이다.

현대인 가운데는 중독에 빠진 사람들이 많다. 일, 쇼핑, 술 등 다양한 중독이 존재하는데 특히 현대인에게 자주 발견되는 중독 증상 가운데 하나가 성중독이다. 성에 대한 탐닉은 친밀감의 결여에서 생긴다. 현대인들은 더 이상 아침에 해 뜨면 농사지으러 나가 논밭에서 수백 미터 이내의 마을 사람들을 만나는 것이

전부인 농경시대의 농부들이 아니다. 수많은 인간관계와 세분화되고 전문화된 다양한 업무에 시달린다. 농경시대의 여유와 단순 소박한 마음가짐을 기대할 수 없다. 핸드폰을 손에 쥐고 끊임없이 불안해하고 급하게 뛰어다녀야 하는 것이 오늘날 우리들의 모습이다.

　이러한 환경에서 인간관계의 편안함과 친밀감은 자꾸만 멀어진다. 소중한 사람과의 깊은 친밀감은 우리의 삶을 풍요롭게 한다. 자신이 살아가는 데 의미를 주고 존재감을 느끼게 한다. 그러나 타인과 친밀감을 쌓기 위해서는 많은 시간과 노력이 필요하기 때문에 현대인들은 곧잘 쉬운 만남, 부담 없는 이별을 할 수 있는 만남 속에서 친밀감의 대리만족을 얻으려고 한다. 왜곡된 성에 대한 열망은 그만큼 현대인의 고독과 불안을 대변한다.

## 아내는 가족일 뿐이다

　부부 간에 가슴 설레는 사랑의 유효기간은 2년 반이라고 한다. 10년, 20년을 함께 살았는데도 여전히 청춘 남녀로 만나 사랑에 불이 붙을 때처럼 흥분되고 땀이 난다면 오히려 생명이 단축된다. 사실 열애에 빠졌을 때의 우리 몸과 호르몬, 뇌의 작용은 상당히 비상 상황이다. 결혼 이후 시간이 지나면서 남자들에게 아내는 가슴을 설레게 하는 여성이기보다는 편안한 가족이 된다. 더 심한 경우 아내가 어머니처럼 느껴지기도 한다. 기혼 여성들이 남편 흉을 볼 때 "남편이 애 같다"라고 평하는 경우가 흔하다. 남성은 어린 시절 어머니에게 했던 유아적 행동을 아내와의 관계에서 무의식적으로 재현하려는 경향이 있다.

어린 시절 어머니와 지나치게 밀착되었던 아들일수록 의존하는 경향이 심한데, 결혼 후에는 어머니에서 아내로 그 의존 대상을 바꿀 뿐이다. 남자가 아내 몰래 바람을 피울 때 아내에게 미안함과 죄책감을 갖지만 이것은 마치 청소년 시절 어머니를 속이고 친구들과 약간의 일탈 행위를 할 때 느끼는 죄책감과 비슷하다. 한편으로는 미안한 마음이지만 다른 한편으로는 아슬아슬한 스릴을 즐긴다. 막상 바람을 피우다가 아내에게 발각이 되고 이혼 요구를 받으면 남자들은 무척 놀란다. 아내가 자신을 떠날 수도 있다는 사실을 전혀 생각하지 못했기 때문이다. 그럴 수밖에 없는 것이, 어머니는 아들이 잘못하면 꾸중을 하고 혼을 내지만 관계를 끝내거나 버리지 않는다. 어찌 보면 남자들은 이처럼 단순하고 어머니와 아내의 구분조차 제대로 못하는 존재들일 수 있다.

어떤 남자에게 아내는 여동생이거나 누나이다. 여동생이나 누나라는 것은 분명히 이성 간이고 친밀감을 느낄 수는 있지만 그 관계 사이에 성이 존재하지는 않는다. 이런 사람은 부부 생활에서 일상 패턴과 습관이 서로 익숙하고 잘 맞아서 천생연분이라고 느끼고 살아가지만 잠자리에서는 만족을 느끼지 못할 수도 있다. 이는 아내가 남자의 성적 욕구를 채워 주지 못하기 때문이 아니라 남자 스스로 무의식적으로 아내를 성적 대상에서 제외시킨 결과이다. 아내는 단지 가족이다. 어떤 일이 있어도 헤어질 수 없는 사이지만 성적인 부분에서는 예외이다.

이러한 남자들은 이미 결혼 전에 다른 여성과 성관계 경험이 있는 경우가 많다. 성적으로 미숙하던 총각 시절 호기심에 눈을 떠 가면서 맛보았던 스릴과 쾌감 그리고 죄책감을 잊지 못한다. 이들에게 안정된 가족의 일부인 아내는 과거에 즐겼던 그러한 성적 욕구와 쾌감을 줄 수 있는 대상이 되지 못한다.

어떤 이유를 대더라도 남자의 외도는 결국 집안의 파랑새를 두고 행운을 준다는 파랑새를 찾아 세상을 떠도는 일일 뿐이다. 문화재에 대한 안목이 없었을 때 시골에서 조상 때부터 전해 내려오던 오래된 그릇을 개 밥그릇으로 사용하곤 했는데,

알고 보니 그것이 명품 분청사기였다거나 보물급 백자 접시였다는 이야기나 마찬가지다. 아내를 두고 외도하는 남자는 자기가 얼마나 소중한 보물을 가졌는지 모르고 살아가는 사람이다. 외도의 폭풍우는 짧을지라도 강하며 그 후유증은 자기 자신과 가족에게 강하게 남는다.

만약 외도 사실이 드러나지 않고 한순간 눈이 맞은 상대와 소위 '쿨'하게 잘 헤어져서 아무 일 없었다는 듯이 일상으로 돌아온다면? 완전범죄가 된다면 외도는 한번쯤 즐길 수도 있는 행위일까? 프로이트는 그의 정신분석 작업의 목표를 건강한 일과 사랑을 가능하게 하는 데 두었다. 관계에서의 친밀감, 짜릿한 일탈감을 즐기기 위한 외도는 처음에는 일상의 단조로움에서 벗어나 새로운 동기와 의욕을 가져다줄지 모르나 일탈이 반복되고 중독이 되고 그로 인한 심리적 불안이 커지면 진정한 사랑과 성공적인 일의 성취는 어려워진다. 우리에게 사용 가능한 에너지는 한정되어 있기 때문이다. 외도의 욕구는 그만큼 값비싼 대가를 치른다. 세상에는 공짜가 없는 법이다.

# 외도는 깊은 상처를 남긴다

"너무 보고 싶어." "내가 진짜 사랑한 사람은 네가 처음이야."

박 씨는 우연히 남편 핸드폰에서 낯선 여자에게 전송한 진한 애정이 묻어나는 글을 읽고 심장이 멎는 듯했다. 남편이 그동안 몰래 해 오던 애정행각의 줄타기가 발각되는 순간이었다. 곧바로 박 씨의 남편은 내연녀와의 관계를 정리했다. 그러나 이것으로 부부 문제가 해결된 것은 아니다. 싸움은 그때부터였다. 박 씨에게는 남편의 외도로 인한 배신감과 그 상처를 회복해야 할 커다란 과제가 남았다.

박 씨는 남편에게 부부관계 회복을 위한 해결 방법을 제안했다. 진심으로 용서를 빌고 다시는 외도를 하지 않겠다고 맹세할 것을 남편에게 요구하였다. 그러나 시간이 지날수록 남편 역시도 할 말이 있다는 자세이다.

"나는 비록 외도를 했지만 가정을 버리지 않았어. 내 주변에는 외도 때문에 가정을 버리고 딴 살림을 차린 사람도 있지만 난 그 정도는 아니야."

이 말을 들은 박 씨는 잘못을 반성하기는커녕 변명을 하는 남편이 가증스럽기만 했다.

"당신은 여전히 변할 맘도 없고 변할 사람이 아니야."

이제 박 씨는 절망스러운 말을 내뱉게 되고 그럴수록 남편 역시 아내가 자신을 마음속으로 용서하지 않고 책망하기만 한다고 받아들여 아내에게 반격을 가한다.

"그래, 내가 원래 그런 인간이야. 그런 줄 모르고 결혼했어?"

아내의 마음을 돌리고 부부관계를 회복하기 위해 노력하자고 마음먹은 것과는 달리 부부관계는 점점 더 깊은 절망, 원망, 분노, 슬픔으로 일그러졌다.

외도를 시작할 때 처음부터 아내와 아이들을 배신하고 그들에게 상처를 주려고 시작하는 사람은 없다. 그저 평범한 일상을 잠시 벗어나고자 하는 '사소한 일탈'에서 비롯된다. 남녀 사이에 대화가 통하고 자연스러운 친밀감이 생기면서 그저 한두 번 일시적으로 즐긴다는 생각이다. 그녀는 미혼이고 그는 결혼한 몸이다. 둘은 아무도 아프지 않게 하자고 암묵적인 합의하에 만난다. 그러나 그 한 번의 일탈은 너무나 만족스럽고 달콤하기 때문에 자꾸만 '한 번만 더'를 외치게 된다. 달콤한 대화와 아주 오래 전 연애 시절에나 느꼈던 숨 믹힐 듯한 흥분을 확인한 남자는 처음 생각과 달리 계속 은밀한 만남을 지속한다. 남자는 아내 몰래 더 자주 만나기 위해 애를 쓰며 더 많은 에너지를 사용한다. 그러다 보면 어느덧 남자는 과도한 긴장과 스트레스를 받아 몸과 마음이 점점 지쳐 간다. 결국 그는 아내와 아이들에게 돌아가 쉬고 싶어진다.

외도로 부부 생활에 위기가 발생하면, 조금 시간이 지난 뒤 대개의 부부들은 위기를 해결하고 싶어 한다. 이는 외도를 저지른 쪽이나 그로 인해 상처를 입은 배우자나 마찬가지다. 그러나 박 씨의 사례처럼 그동안 받은 상처를 눈감아 주겠다고 마음먹는 것으로 문제가 해결되지는 않는다. 섣부른 용서는 오히려 더 깊은 부부 문제를 일으키기도 한다. 상처 받은 사람이 치유되지 않으면 상처를 준 배우자 또한 죄책감 때문에 오히려 반발심이 생기기도 한다. 시간이 조금 더 흐르면, 외도를 저지른 자체가 자신의 잘못이 아니라 배우자가 채워 주지 못한 욕구 때문이라고 생각하게 된다.

## 배우자의 배신이라는 트라우마

박 씨는 남편의 외도로 자신이 얼마나 상처를 받았는지 솔직하게 감정을 드러내고, 남편은 충분히 공감하고 인정하는 시간을 갖는 것이 필요하다. 외도 기간이 10년이면 치유에 걸리는 기간 역시 10년이라는 말이 있다. 진심으로 용서가 되지 않은 아내는 수시로 화난 감정이 폭발하기도 한다. 길을 걷다가 남편이 예쁜 여자를 향해 시선을 던지는 것만 봐도 상처가 다시 되살아난다. 당연히 아내는 남편의 불성실한 결혼생활에 대해 책망의 말들을 쏟아부을 것이다. 그러면 남편은 지지 않고 다 해결된 일을 갖고 계속 사람을 의심한다고 짜증을 낼 것이다. 관계 회복을 위해 노력하던 부부가 다시 원점으로 돌아가는 셈이다. 남편은 아내의 과민반응을 지극히 자연스러운 것으로 인정해야 한다. 아내는 지금 상처가 다시 덧나서 고통스러워하기 때문이다.

아내에게 남편의 외도는 트라우마가 된다. 결혼식 때 주례 앞에서 서약한 '검은 머리가 파뿌리가 될 때까지 비가 오나 눈이 오나 늘 아내만을 바라보고 살겠다'는 약속은 깨어졌다. 배우자의 외도로 인한 배신감은 상상 이상이다. 가장 소중하고 신뢰했던 남편이 더 이상 믿을 수 없는 대상이라는 사실은 자기 자신을 부정하고 모든 원인을 자기 탓이라고 생각하게 할 위험에 빠뜨리기도 한다. 외도의 트라우마를 경험한 사람은 종종 주변과 타인을 믿지 않고 허무주의와 비관주의에 빠져 자신을 더욱 고립시키는 경우도 있다.

배우자의 배반이라는 트라우마를 경험하고 힘든 위기를 잘 극복한 사람들에게는 공통점이 있다. 어떠한 경우라도 자기 자신에 대한 존중과 자기 정체성을 잃지 않는다. 또 사건을 기억 속에서 지워 버리려고 하기보다 자기 인생의 한 부분으로 받아들이려고 노력한다는 점이다. 허무주의와 비관주의에서 벗어나 주변과 타인의 따뜻한 관심과 지지를 받아들이기 위해 노력하는 사람들이 위기 극복에 성공한다.

# 17장

# 가족 간
# 보이지 않는
# 삼각관계

동수를 처음 만났을 때 인상이 아직도 기억에 선연하다. 아빠를 구타해서 응급실에 실려 가게 하고 1주일간 입원까지 하게 만든 청소년이라는 상담 메모를 미리 본 터라 나도 조금은 긴장을 했다. 그러나 상담실 문을 조심스럽게 노크하고 들어온 동수는 체격은 성인 못지않았으나 아직 앳된 모습을 감출 수 없는 열일곱 살 청소년이었다. 얼굴 가득 겁먹은 표정으로 잔뜩 움츠린 채 의자에 앉았다. 동수가 조심스럽게 이야기를 꺼냈다.

"엄마랑 이모가 그러는데요. 아빠를 때린 건 잘못이지만 아빠도 잘한 건 없대요."

동수의 말을 들으면서 도대체 어떤 아빠이기에 아들에게 두들겨 맞아도 당연하다는 것인지 궁금해졌다.

"아빠는 자꾸 엄마와 한 약속을 어겨요. 제발 술 마시지 말고 일찍 오라고 해도 절대 듣지 않고 늦은 밤 술에 취해서 들어와요."

남편에게 명령하는 엄마, 엄마의 말이 지켜졌는지 확인하는 아들, 아들에게 맞는 아빠라는 가족관계를 들으니 마음이 심란해졌다. 동수는 근본도 모르는 막된 아들일까. 과연 이 가족의 문제는 어디에서 비롯된 것일까.

폭행 사건의 전말은 이랬다. 사건이 발생한 날도 역시 아빠는 술에 취하여 들어왔다. 엄마는 화가 나서 잔소리를 했고 술에 취해 호기가 생긴 아빠는 여기에 지지 않고 언성을 높였다. 두 사람의 갈등이 점점 몸싸움으로 번지자 힘이 약한 엄마가 밀리기 시작했다. 엄마가 당하는 것을 본 동수는 엄마를 보호하려는 생각으로 술에 취한 아빠에게 주먹을 휘두른 것이다.

엄마는 따뜻한 사랑을 주지 않고 늘 술에 취해 있는 남편을 보면서 불행한 결혼생활을 후회했다. 그때마다 아들에게 "아이고 내 신세야. 엄마가 아빠하고 사는 건 다 너 때문인 거 알지, 네가 아니었으면 엄마는 아빠하고 벌써 헤어졌어"라는 말을 입버릇처럼 되풀이했다.

이런 반복되는 푸념은 아들에게 엄마에 대한 죄책감과 아빠에 대한 분노와 실망감을 심어 주었다. 아빠는 분명히 아내

187

에 대한 사랑이 부족한 사람으로, 엄마에게는 나쁜 남자이다. 그러나 여기서 꼭 짚고 넘어갈 점은, 그렇다고 해서 아빠가 아들에게도 나쁜 사람인 것은 아니라는 사실이다. 그러나 아들은 엄마의 시선을 통해서 아빠를 보게 되고 자연히 엄마 편을 과도하게 들면서 부부 갈등에 휘말리게 되었다. 아버지를 폭행한 뒤 평생 짊어지게 될 죄책감과 수치심은 아직 어린 청소년에게는 너무나 무거운 짐이다.

## 불안이 심할수록
## 삼각관계로 해결하려 한다

동수가 부부 갈등에 끌려들어가 자신도 모르게 갈등의 한 축을 담당하게 된 것처럼, 자녀나 타인을 끌어들여 부부관계를 안정시키려 도모하는 관계 유형을 보웬은 '삼각관계'라고 지칭했다. 삼각관계는 가족 안에 있는 불행한 관계 유형에서 파생된다. 부부든 형제든 두 사람 관계가 위태롭고 갈등을 겪고 있을 때 다른 사람을 끌어들이면서 형성된다.

삼각관계라고 해서 텔레비전 드라마에서 빠지지 않고 나오는 삼각관계를 떠올리면 곤란하다. 한 남자를 두고 신분이 정

텔레비전 속에만 삼각관계가 나오는 것이 아니다.
가족 사이에도 보이지 않는 삼각관계가 있다.
자녀나 타인을 끌어들여
부부관계를 안정시키고자 하는 유형을
가족심리학자 보웬은 '삼각관계'라고 칭했다.
삼각관계에 낀 자녀는 자라서 가정을 꾸렸을 때
자신의 가족을 지긋지긋하게 생각하거나
가족을 떠나려는 경향이 있다.
가족이 힘이 아니라 짐이라고 느껴진다면
삼각관계에 끼어 있던 건 아닐까.

반대인 두 여자가 좋아하거나 또는 여주인공이 가진 것 없지만 터프한 매력의 남자와 모든 것을 갖추었으나 살짝 박력과 진실성이 부족한 엄친아 사이에서 방황하는 종류의 이야기가 넘쳐 난다. 이런 삼각관계는 기본적으로 러브 라인이 잠시 얽힌 데 불과하다. 가족 문제 유형인 삼각관계는 청춘 남녀들 사이에 형성되는 삼각관계와는 다르다.

보웬은 부부 갈등을 해결하기 위해 자녀를 끌어들이는 부부는 자아분화가 낮은 사람들이라고 말한다. 삼각관계에 가장 큰 영향을 미치는 것은 불안이다. 불안이 심할수록 사람들은 삼각관계를 통해 대처하려고 한다. 사이가 좋지 않은 부부는 흔히 자녀를 끌어들여 삼각관계를 형성하지만 자녀가 아닌 제3자가 선택되기도 한다. 시어머니, 장모 또는 이성 등의 가족일 수도 있고 일, 술, 텔레비전 등과 같이 사람이 아닌 존재가 그 역할을 채우기도 한다.

삼각관계가 해결책이 아닌 일시적 갈등을 지연하는 방법이라는 점은 외도를 통한 삼각관계가 잘 보여 준다. 부부 사이가 좋지 않을 때 남자든 여자든 부족한 사랑을 다른 이성으로부터 채우려는 욕구가 생길 수 있다. 이성으로부터 친밀감과 애정을 공급받고 그 에너지로 부부관계를 이어가는 경우가 때때로 발생한다. 이러한 외도형 삼각관계는 잠시의 충동에 의한 일시적인 로망과 구분된다. 근원 문제인 부부 갈등을 대신하는 수단이기에 외도는 오래 지속될 가능성이 높다. 그런데 외도를 하는 상태에서 부부관계가 원만하게 회복되는 것은 불가능하기에 상황이 길어질수록 모순은 더 깊어 간다. 길게 보면 부부 해체의 원인이 된다. 이처럼 삼각관계는 직접적인 대결을 일시적으로 회피하려는 심리에서 만들어진다.

## "엄마, 이제 이혼할 수 있어"

주연 씨의 경험담은 삼각관계가 자녀들에게 어떤 영향을 미치는지 잘 보여 준다. 막내딸인 주연 씨를 유독 예뻐했던 엄마는 결혼생활이 힘들 때마다 그녀를 끌어안고 말했다.

"네가 태어나는 바람에 이혼을 할 수 없었어. 너만 태어나지 않았어도 아빠와 헤어졌을 거야."

주연 씨는 어린 시절부터 엄마에게 이 말을 수없이 반복해 들었다. 어린 주연 씨는 엄마의 불행이 자기 탓이라고 생각했다. 자기 때문에 인생을 망친 엄마에게 어떻게든 보상해 주고 싶었다. 성인이 되어 직장 생활을 하면서 열심히 돈을 모아 엄마를 모실 수 있다고 생각한 주연 씨는 마침내 이혼 서류를 들고 엄마를 찾아갔다. 오래 묵은 한을 풀고 밝게 웃는 엄마 모습을 기대하며 돈과 서류를 내밀었다. 그러나 엄마의 반응은 예상과 달랐다.

"너 미쳤니? 지금 무슨 짓을 하는 거야. 정말로 아빠와 이혼하길 바라니. 고생해서 자식 키워 놓으니 이게 할 짓이니!"

예기치 못한 엄마의 반응에 주연 씨는 머리가 멍해졌다고 한다. 아주 오랫동안 엄마의 불행은 다 자기 때문이고 빨리 엄마를 불행한 결혼으로부터 구해 주어야 한다고 믿고 살아온 딸로서 당혹스러웠다.

사실 주연 씨의 엄마는 결혼생활이 만족스럽지 못할 때마다 누군가에게 하소연할 사람이 필요했던 것이다. 그 대상이 막내딸인 주연 씨였을 뿐이다. 막내를 붙들고 한바탕 푸념을 하고 나면 엄마는 막막한 감정을 추스를 수 있었다. 그러나 별일 아니라고 생각한 엄마의 행동이 주연 씨에게는 과도한 죄책감과 책임감을 남겼다. 주연 씨는 심리적 부담을 해소하기 위해 오랫동안 상담을 받아야 했다.

삼각관계 속에서 자녀는 부모의 대리 배우자 역할을 맡게 되기도 한다. 부부 간에 갈등이 발생하고 분노, 원망, 우울 등을 느끼면서 부부는 자녀를 배우자의 자리에 세우고 배우자를 대신해서 위로를 받으려 한다. 자녀를 통해서 일시적인 위로를 받을 수 있을지 모르나 그 대신 자녀는 다시 돌아오기 힘든 강을 건널 수도 있다. 삼각관계에 편입되면 자녀는 더 이상 자녀로서 존재하기보다 부부 갈등을 담당하는 한 축이 되고 정서적 불안 상태에 놓인다.

삼각관계에 희생양이 된 자녀들은 성장하면서 자신의 가족을 지긋지긋하게 생각하고 어떻게든 가족을 떠나려는 경향이 있다. 일종의 정서적 단절을 시도하는 것이다. 유학, 이민, 조기 결혼을 서두르는 자녀들 가운데 이런 정서를 갖고 있는 경우가 종종 있다.

## 우리 집에도 삼각관계가 있다

사실 따지고 보면, 세 식구인 우리 가족 안에도 가벼운 삼각관계가 존재한다. 여느 집처럼 우리 부부도 텔레비전 리모컨 쟁탈전이 치열하다. 하루는 아내가 보는 프로그램과 내가 좋아하는 다큐멘터리 프로그램이 같은 시간대에 겹쳐 부부 간에 일촉즉발의 전운이 감돌았다. 한 집안의 텔레비전 채널 선택권은 대개 그 집안 부부 간 주도권과 비슷하게 가는 경향이 있다. 부인이 기가 세면 부인 위주로, 남편이 권위적인 경우에는 남편이 보고 싶은 프로그램이 선택된다. 그런데 두 부부가 엇비슷하거나 평등하다면 누가 프로그램을 고르게 될까? '리모컨을 손에 쥐고 있는 사람이 결정한다'가 답이다. 좀 허무한 이야기 아니냐고? 행동심리학적으로 그렇게 허무한 이야기만은 아니다.

서로 모르는 남녀가 영화관에서 옆자리에 앉게 될 경우, 누가 좌석 팔걸이를 차지하는지 살펴본 실험이 있었다. 압도적인 비율로 남자가 팔걸이를 차지한다. 남녀가 사회적으로 접촉할 때 아무래도 남성이 주도성이 강하고 권력적임을 보여 준다. 그런데 동성끼리 앉을 경우에는? 즉 여자와 여자 또는 남자와 남자가 옆자리에 앉을 경우 과연 누가 팔걸이에 편하게 팔을 올리고 영화를 관람할까? 허무할지 모르나 답은 역시 '먼저 팔을 올리는 사람이 차지한다'가 된다. 영화가 상영되는 시간을 계산해 서로 절반씩 팔걸이를 쓰자고 합의할 게 아니라면, 결국 먼저 팔을 올려놓는 쪽이 임자가 되는 것이다. 이것은 동물 세계에서 체구나 전투력이 엇비슷할 경우 먼저 둥지를 차지한 쪽이 그 영역에서 우월을 점하는 이치와 마찬가지다.

이야기가 곁길로 샜지만, 토크 프로그램과 자연 다큐멘터리 프로그램을 놓고 팽팽한 긴장이 흘렀을 때, 다행히 리모컨은 내 손에 들려 있었다. 아내가 살짝 눈을 흘기기는 했으나 나는 굳게 잡은 리모컨을 양보할 생각이 전혀 없었다. 그런데 바로 그때, 소파 밑에서 레고를 조립하고 있던 아들 녀석이 달려왔다. 그리고 내 손에 들려 있던 리모컨을 번개같이 낚아채서 엄마에게 갖다 주는 것이었다.

"엄마, 여기 있어" 하며 리모컨을 건네줄 때 아들은 의기양양했고 아내는 흐뭇한 표정이었다. '그래 둘이서 잘해 봐라' 하는 말이 목구멍까지 올라왔으나 차마 꺼내지는 못하였다. 아들의 가세로 팽팽한 역학관계가 기울어진 슬픈 현실을 자인하는 것 같아서였다.

짐짓 별거 아니라는 듯이 태연한 척하며 내가 말했다.

"야, 나도 이제 왕따구나."

그러나 뒤를 이은 아내의 대답은 그렇잖아도 쓰린 내 가슴에 마지막 비수를 꽂았다.

"아니, 이미 오래 전부터 왕따였어. 당신만 모르고 있었지."

건강한 가족관계를 형성하기 위해서는 삼각관계를 지양해야 한다. 부부 갈등이 있고 불안이 발생하더라도 제3자를 끌어들여 삼각관계를 형성해 문제를 풀려고 해서는 안 된다. 삼각 관계는 부부 갈등을 터뜨려서 풀 수 있는 기회를 차단하여 근본적인 문제 해결에 도움이 되지 않는다. 가족 구성원 사이에 희생양을 양산할 뿐이다.

# 18장

# 아버지를
# 뛰어넘고 싶은
# 아들

우리 부부는 유학 생활을 하느라 아이를 늦게 가졌다. 여동생의 아들인 큰 조카는 벌써 고3인데 우리 아들은 이제 겨우 초등학교 3학년이다. 나이 많은 엄마 아빠 밑에서 응석받이로 자라다 보니, 자연스럽게 아들 녀석은 우리 집에서 왕 노릇을 한다. 나의 가장 큰 고민 중 하나는 아들 녀석에게 도통 아빠의 말발이 서지 않는다는 것이다. 요즘 아들은 나중에 커서 뭐가 될지 여러 가지로 상상의 나래를 펴는 중이다.

"엄마 아빠가 다 교수인데 너도 커서 교수가 되면 어떻겠어?"

우리 부부가 은근히 기대를 갖고 물어보지만 아들의 대답은 항상 엉뚱하다.

"교수가 좋기는 한데 공부할 거 생각하니 머리가 아파. 아빠, 난 그냥 동네에서 문방구나 했으면 좋겠어."

하긴, 초등학교 3학년짜리에게 뭘 더 바라겠나 싶으면서도 왜 이리 포부도 없고 꿈이 야무지지 못한지 살짝 실망스럽다.

새로운 세대가 성장하려면 꼭 넘어야 할 산이 있는데 그것은 바로 아버지이다. 그리스 신화의 정점에 있는 신은 제우스이다. 올림포스의 지배자인 제우스는 그의 형제 포세이돈, 하데스와 더불어 그리스 신화의 주축을 이룬다. 이들 형제는 세계의 지배자였던 아버지 크로노스를 이기고 그의 몸을 잘라 가짐으로써 신화 속 주인공들이 될 수 있었다. 새로운 세대가 세계의 주인공이 되는 것은 구시대를 상징하는 아버지를 꺾음으로써 가능해진다. 여기서 아버지를 이기는 자가 다음 세대의 주인공이 되리라는 믿음이 생긴다. 서구에서 발전된 오늘날의 심리학을 보면 그 안에는 여전히 2천여 년 전 그리스 인들의 여러 사고체계들이 남아 있다.

## 멋지고 매력적인 남자들의 공통점

아들은 아버지를 뛰어넘고 싶어 한다. 딸은 어머니만큼 아니 그보다 더 사랑받는 여인이 되려고 한다. 프로이트는 이것을 오이디푸스 콤플렉스라고 표현했다.

너무 뛰어나서 도저히 넘어서기 어려운 아버지를 둔 아들은 절망한다. 아버지를 넘고 싶다는 소망은 일의 성공에서 중요한 무의식적 동기가 되는데 이것을 포기한 아들은 무기력하고 게을러진다. 그리고 아버지가 이룬 성공의 그늘 밑에 안주해 버린다.

아들에게 아버지는 언제나 승부욕을 자극하는 경쟁자이다. 이를 통해 아들은 앞으로 나아간다. 그러나 동시에 아버지와 아들은 경쟁을 뛰어넘는 영원한 동반 관계이다. 아들은 아버지에게 사랑받고 인정받고 싶어 한다. 아들이 아버지를 뛰어넘으려는 것은 단순히 승부욕 때문만은 아니다. 아버지에게 인정받기 위해서이다. 아들은 아버지에게 인정받을 때 가장 큰 만족감을 갖는다.

독일을 대표하는 가족상담사로 '트라우마 가족치료' 모델을 만든 버트 헬링거Bert Hellinger는 멋지고 매력적인 남성들에게는 일정한 공통점이 있다고 밝힌다. 매력남들은 대개 아버지와 좋은 관계를 유지하며 아버지를 존경하면서 한편으로는 무의식적으로 이런 아버지를 뛰어넘고 싶은 열망을 지닌다. 이런 존경과 열망은 아들에게 사회적 성취동기를 제공하며 유연하고 풍부한 인간관계를 맺는 능력을 길러 준다. 아버지와 좋은 관계를 맺음으로써 얻은 신뢰와 안정감이 아들에게 자신감을 불어넣기 때문이다. 높은 자신감을 갖고 자신의 감정과 생각을 신뢰하는 사람은 자연히 타인들에게 주목과 호평을 받을 수밖에 없다. 이런 매력남들은 또 가까운 사람들에게 속마음을 털어놓으며 깊이 있는 우정을 쌓는다. 다른 사람을 존중하며 관계를 소중히 여길 줄 안다. 다른 사람을 대할 때 진실하며 주변의 기대에 맞추려고 거짓이나 허세로 포장하지 않는다. 그래서 프로이트는 남자는 특히 성장기에 아버지와 맺는 관계가 매우 중요하다고 보았다. 이 관계가 어떠한가에 따라 마음의 병을 지닌 성인이 되기도 하고 반대로 일과 사랑에서 당당하고 성공하는 사람으로 자라나기도 한다.

그런데 아버지와 아들의 관계 맺기에서 성공의 열쇠를 쥐고 있는 것은 아들이 아니라 아버지이다. 이것이 인생의 딜레마이다. 어린 시절 아버지와 좋은 관계를 맺고 트라우마 없이 성장한 사람이 아버지가 되면 그만큼 자신의 아들과도 안정적인 관계를 유지할 가능성이 높다. 반면 어린 시절 트라우마로 인해 마음의 상처와 아픔을 갖고 있거나 아버지와의 관계에서 어려움을 겪었다면 본인도 모르게 자신의 경험을 아들에게 대물림할 우려가 있다. 물론 여기에는 예외가 많다. 비록 어린 시절이 원만하지 않았던 사람이라도 자신의 상처를 잘 수용하고 다른 삶의 모델을 추구하려 한다면 얼마든지 자신의 성장기와는 다른 성공적인 부자父子관계를 만들 수도 있다.

## 아버지에게 인정받지 못한 아들

한국의 아버지들은 좀처럼 '좋은 아빠'가 되기 힘든 여건에 있다. 우리나라는 세계적으로 손꼽히는 장시간 노동 국가이다. 2010년 경제협력개발기구OECD 통계에 따르면 한국의 노동시간은 2256시간으로 OECD 국가 평균 1764시간에 비해 492시간이 더 많다. 이건 결코 적은 수치가 아니다. 24시간 꼬박 일하는 로봇이라도 20일 넘게 일해야 하는 시간이고 하루 8시간 근무를 기준으로 한다면, 60일이 넘는 시간이다. 어디 이뿐인가. 퇴근하고 나면 업무의 연장인 여러 가지 모임과 회식이 기다린다. 요즘은 초과 노동시간은 좀 줄었다 해도 그 대신 다른 부담이 늘었다. 사회 안전망이 부족한 현실에서 일자리를 놓치지 않기 위해 자기계발에 또 힘을 쏟아야 한다.

사정이 이러하다 보니 자녀의 관심사를 함께 소통하고 놀이와 가사 분담을 통해 가정에서의 협력과 배려, 나아가 사회성을 알려 주는 아버지로서의 역할은 지엽적인 일이 되고 만다.

사회 전반적 분위기가 개선되지 못하면 우리의 아들 세대에서 많은 문제점이 발생할 수 있다. 가족의 끈이 갈수록 느슨해지면서 청소년 문제 또한 심각한 사회문제가 되고 있다. 한창 사랑이 필요한 때에 아버지의 관심을 받지 못한 아들은 자신이 아버지에게 별 가치가 없는 존재라고 여기게 된다. 유명한 발달심리학자인 장 피아제Jean William Fritz Piaget는 아이들을 '인지적 이방인cognitive aliens'이라고 불렀다. 아이들은 절대적 사고를 가지고 있는데 '전부 아니면 전무'라는 식의 양극적이다. 아버지가 바빠서 관심을 쏟지 못한 것인데도 아이는 그것을 자신을 사랑하지 않는 것으로 받아들인다. 만약 아버지가 나를 버린다면, 모든 사람들이 나를 버릴 것이라는 식이다. 아이의 성장발달 과정에서 필요한 의존욕구들이 제대로 충족되지 못했을 때 그 아이는 어른이 된 후에도 상처 받은 내면아이에게 영향을 받는다. 세상에 대한 소극적이고 당당하지 못한 태도를 취한다. 부모에게 거부당하거나 자기 존재를 무시당한 많은 이들이 평생 불안해하고 자신의 삶에서 적극적인 의미를 발견하지 못하며 어디에도 속하지 못하는 주변인으로 인생을 힘들게 살아간다.

어린 시절부터 어떤 일을 해도 잘 인정해 주지 않고 무관심한 아버지 밑에서 자란 아들은 아무리 노력해도 아버지의 눈에 들 수 없다는 사실을 자각하는 순간 애타는 조바심이 아버지에 대한 분노로 변한다. 어머니와 편을 짜서 아버지를 공격하기도 한다. 당연히 아버지 역시 그런 아들이 사랑스럽지 않다. 아들을 악하다고까지 여기게 되면서 둘 사이의 갈등은 깊어 간다. 껄끄러운 부자父子관계를 상담하러 오는 가족들에게서 많이 발견되는 유형이다.

심리학자 요하임 마츠는 아웃사이더, 왕따, 울보, 언짢은 투덜이나 항상 화를 잘 내고, 남의 욕을 얻어먹는 행동을 일삼아 미움을 사는 사람들의 근원에는 어린 시절 부모로부터 거부당한 경험이 존재한다고 보았다. 부모로부터 환영받지 못하고 거절당한 자녀는 자신을 세상의 부담을 모두 짊어지고 몸을 구부린 채 살아가야 하는 불행한 운명의 '아틀라스*'로 여긴다. 간혹 이런 사람들 가운데 환영받는 인물이 되기 위해 남보다 엄청난 에너지를 발산하는 경우도 있다. 이것이 바람직한 일인가 하

---

* 아틀라스는 그리스 로마 신화에 나오는 인물로, 제우스보다 한 세대 앞선 티탄족 '12신神' 가운데 한 명이다. 기골이 장대한 거구로 기록되어 있다. 티탄족든가 격련한 전투를 번인 뒤 승리를 차지한 제우스는 티탄족인 아틀라스에게 '평생 두 어깨에 하늘을 메고 있으라'는 형벌을 내린다.

면, 그렇지 않다. 성공한 사람이 되어 부모에게 인정받고자 하는 무의식이 밑바닥에 깔려 있기 때문이다.

주변으로부터 밉살맞은 존재로 간주되는 사람이든 마음 깊은 곳의 피해의식으로 인해 오로지 타인의 눈에 들기 위해 애를 쓰는 사람이든 모두 불행하기는 마찬가지다. 이러한 점을 인식한다면, 한국의 아버지들은 아무리 열악한 환경에 있다고 하더라도 가족들 특히 자녀를 위한 시간을 마련하기 위해 좀 더 분발해야 할 것이다.

자녀들과 함께하는 시간 못지않게 중요한 것은 함께할 때의 역할이다. 자녀들을 자주 접하지 못하다 보니, 어쩌다 같이 보내는 시간에 아버지들은 늘 가르치고 훈계를 늘어놓고 자녀의 행동을 평가하려는 경향이 있다. 그러나 이는 부작용을 낳을 뿐이다. 언젠가 때가 되면 아들은 아버지를 넘어서는 법을 터득하므로 당장 가르치려 하기보다 공감하고 지켜보는 지혜가 필요하다.

형제가 없는 우리 아들은 나에게 친구 역할을 원한다. 퇴근하고 집에 와 보면 늘 함께 놀거리를 준비해 놓고 기다린다. 아들과의 게임에서 내가 마음속으로 정한 규칙이 하나 있다. 팽

이놀이, 축구놀이, 레슬링 등 온갖 놀이를 하지만 결정적 순간에 항상 아빠가 져 준다는 것이다. 어쩌다 내가 이 원칙을 깜박하고 게임을 이겨 버리면 아들은 대단히 분개하며 다시는 아빠랑 안 놀겠다고 화를 낸다. 아들은 아빠를 이기는 스릴을 체험하면서 게임의 즐거움을 만끽하는 것이다. 우리 아들은 내가 늘 자기와의 게임에서 지는 사람이라고 생각할지도 모른다. 나는 져 주는 역할이 나쁘지 않다. 상대가 아들이기 때문이다. 아들과의 게임에서 질 때도 요령이 필요하다. 적당히 리드하거나 팽팽한 접전인 것처럼 게임을 운영하다가 마침내 결정적 순간에 져 주어야 한다. 이때 아들의 기쁨은 배가 된다. 아들은 언제나 아버지를 이기려고 하고 넘어서려고 한다. 아버지가 아들에게 져 주는 것은 무능하고 부족해서가 아니다. 언젠가 다가올, 아들이 진짜로 아버지를 넘어설 순간을 위해 적극적으로 아들을 돕는 것이다.

올해 설날 세배를 하고 난 아들은 아주 심각한 표정을 지으며 말했다.

"아빠, 내가 다시 생각해 보니 역시 문방구 아저씨보다는 교수가 훨씬 나을 거 같아."

아빠의 말을 숙고하다니, 기특하지 않을 수 있겠는가. 나는 아들의 머리를 쓰다듬어 주었다. 그러나 다음 순간 아들의 말이 기가 막혔다.

"그래서 말인데, 아빠가 하는 교수 내가 물려받으면 안 돼?"

아, 이 녀석의 넉살과 엉뚱함은 이미 아빠를 훌쩍 뛰어넘고 있다.

## 19장

# 잊는다고
# 상처가
# 해결되지 않는다

유럽은 우리와 달리 정신과나 심리 상담이 활성화되어 있다. 우리가 감기에 걸리면 당연히 병원을 찾듯이 마음에 갈등이 생기면 복잡한 생각 없이 전문 상담사를 찾는다. 그러나 아직 가족상담이나 심리 상담이란 개념이 일상화되지 않은 한국은 사정이 다르다. 상담실 문을 두드리기까지 두세 번 이상 망설이는 게 일반적이다. 머뭇거리다가 어렵게 찾아와서도 정작 상담사와 마주 앉아서는 자신을 드러내기보다 감추려고 하는 사람들을 종종 만난다.

"저는요, 어린 시절 아무 문제가 없었어요. 부모님도 자상하시고, 집안 형편도 괜찮은 편이었거든요."

상담 받으러 온 사람이 이렇게 말하면 사실 상담사는 힘이 쭉 빠진다. 문제의 원인을 탐색하기가 어렵기 때문이다. 조금 더 이야기를 나눠 보려 해도 중학교 이전의 기억이 싹 지워진 것 같다든가 어렸을 때 딱히 행복했거나 슬펐던 일들이 별로 생각나지 않는다고 말한다. 이쯤 되면 상담 받으러 온 사람이 무언가 방어를 하고 있다고 추측할 수 있다.

어린 시절에 별 문제가 없었다면서 왜 기억을 못하는 걸까? 대부분 어린 시절 받은 심한 상처와 마주할 준비가 되어 있지 않기 때문이다. 자신이 감당하기에 너무 큰 상처를 받았기 때문에 그로 인한 고통에서 벗어나고자 아예 기억 자체를 지워 버린 것이다. 그리고 화목하지 않은 가정을 화목한 가정으로 기억마저 왜곡한다. 평범한 가정에서 자랐으면 하는 바람이 간절한 만큼 기억의 왜곡 정도도 심해진다. 인간의 기억은 이처럼 불완전하고 때로는 조작된다. 그러나 상처의 기억을 지우거나 왜곡한다고 해서 고통이 잊혀지는 것은 아니다. 프로이트는 인간이 상처로부터 자신을 보호하기 위해 무의식적으로 사용하는 사고나 행동을 방어기제라고 불렀다.

우리가 사용하는 방어기제는 상처의 고통을 잊거나, 고통에서 벗어나게 해 주는 도구가 된다. 그러나 방어기제는 우리의 상처를 완전하게 해결해 주지 못한다. 단지 상처의 충격으로부터 잠시 보호해 줄 뿐이며 오히려 상처를 더 오래 지속시키는 부작용을 가져온다.

## 나도 모르게 작동되는 방어기제

부부 사이에 문제가 생겼을 때 자주 쓰이는 방어기제 중 하나는 자신의 심리를 상대방에게 투사하는 것이다. 투사는 자신이 다른 사람에게 갖는 감정을 상대방도 똑같이 나에게 갖고 있다고 느끼는 것을 말한다. 쉽게 말해 누군가를 미워하면 그 상대방도 나를 미워한다고 생각하는 것이다. 자신이 피곤할 때 그 피로의 감정을 상대방에게 돌린다. "당신 피곤해 보이네." 부부가 함께 텔레비전이나 영화를 보다가 지루하게 느껴질 때 "나는 재미없어"가 아니라 "당신 지루한 모양이군"이라고 말한다. 지루해하는 것은 정작 본인인데 그 감정을 상대방이 느끼는 것처럼 떠넘긴다. 부부 사이에서 피곤함이나 지루함을 투사하는 것은 그나마 견딜 만한데 그 감정이 분노나 원망, 적대감 등이라면 참기 어렵다.

직장에서 매력적인 젊은 여사원에 대해 외도의 욕구를 강하게 느낀 남편이 오히려 그 불안을 집에 있는 아내에게 혹시 좋아하는 남자가 생긴 것 아니냐며 다그치는 것은 투사이다. '똥

묻은 개가 겨 묻은 개 나무란다'라는 우리 속담 역시 투사를 나타내는 말이다. 배우자에게 투사의 대상이 된 사람은 마른하늘에 날벼락을 당한 심정으로 답답하고 억울하다. 그렇지만 아무리 억울함을 호소하여도 투사를 보내고 있는 당사자는 전혀 들으려고 하지 않는다.

투사에서 한 발 더 나아간 방어기제가 동일시이다. 동일시는 특히 가족 안에서 자주 발생한다. 상대방을 나 자신과 동일하게 여기는 현상인데, 자식 사랑이 유별난 한국인 부모들은 조금씩 이런 속성을 갖고 있다.

한준 씨는 형제라고는 연년생인 여동생 하나밖에 없다. 한준 씨의 부모는 남아선호사상에서 크게 자유로울 수 없는 세대이나 한준 씨의 어머니는 오히려 그 반대였다. 어머니는 언제나 여동생만 배려하였다. 딸은 가족 안에서 그야말로 공주였다. 어머니는 자신이 해 줄 수 있는 모든 것을 딸에게 해 주었다. 한준 씨는 고등학교를 졸업할 때까지 과외나 학원을 구경도 못한 반면, 여동생은 피아노나 미술 같은 예능 교육부터 과외, 학원을 다니며 공부하였다. 한편으로는 서운했지만 공부에 대한 부담이 덜하다 보니 홀가분하기도 하였다.

그러다 자신과 여동생이 대학에 입학할 때 '아, 이건 아닌

한 아빠가 회사에서 상사에게 혼이 난 후 집에 돌아와
텔레비전을 보고 있는 아들에게 괜한 신경질을 부린다.
다른 날 같으면 그냥 지나쳤을 텐데 말이다.
아들 또한 토라져서 방으로 쏙 들어가 버린다.
이게 바로 투사적 동일시라 하는데
상대방에게 내 정신과 감정 상태를 아바타처럼 재현시킨다.
가족들끼리 무의식적으로 상대방을
아바타로 만들어 자기 감정을 표현하게 하거나
해소시키다 보면 자신의 화나 분노가
어디에서 비롯된 것인지 짐작하기 어려워진다.

데…' 싶은 일이 있었다. 한준 씨는 고등학교에 올라가서야 공부에 재미를 붙였지만 기초가 부족해서인지 수능 성적이 제대로 안 나왔다. 재수를 하면 성적이 훨씬 오를 것 같아 재수 의사를 밝혔다가 어머니로부터 호된 꾸지람만 들었다. '재수는 없다'라고 강경하게 못을 박는 어머니를 설득하지 못한 한준 씨는 어쩔 수 없이 가고 싶은 대학을 포기하고 한 단계 하향 지원을 해야 했다. 다음 해 여동생이 대학 입시를 치를 때는 사정이 달랐다. 평소 여동생은 A여대 생물학과를 희망했지만 성적이 그에 못 미쳤다. 그러자 어머니는 "젊어서 일 년은 긴 시간이 아니다"라고 동생을 격려하며 재수를 권하였다. 결국 여동생은 어머니의 전폭적인 지원으로 원하는 대학과 전공을 선택할 수 있었다. 한준 씨는 자신이 주워 온 아이도 아닐 텐데 어머니의 태도를 도저히 이해할 수 없었다. 결혼을 하면서 한준 씨는 어머니의 부당한 태도에서 벗어났다고 생각했다. 그러나 웬걸, 정말 큰 사태는 결혼 이후 벌어졌다.

결혼한 지 몇 년 뒤 한준 씨는 집을 마련했다. 아직 사회생활 경력이 짧아 주택 구입 자금의 절반은 어머니가 마련해 주었고 나머지를 한준 씨의 저축과 은행 대출로 채워 간신히 자기 집을 장만한 터였다. 어디까지나 빌려 주는 것이니 나중에 갚으라는 어머니의 당부가 있긴 했지만 젊은 나이에 일찍 집을 마련한 한준 씨는 뿌듯했고 내 집이 생겼다며 흐뭇한 미소로 날마다 쓸고 닦는 아내 앞에서 남편으로서 체면이 서는 것 같았다. 그러나 이 행복은 그리 오래 가지 않았다. 혼기가 찬 여동생에게 남자가 생기더니 양가 상견례가 끝나자마자 일사천리로 결혼 날짜 택일에 들어갔다. 하루는 어머니가 한준 씨 내외를 집으로 불렀다. 이 자리에서 한준 씨는 어머니로부터 청천벽력 같은 소리를 들었다. 여동생이 흔치 않은 의사 신랑을 얻었으니 혼수로 집을 장만해 주려 하는데, 전에 빌려 준 돈을 당장 갚으라는 것이다. 말이 갚으라는 것이지, 한준 씨 형편에 그 큰돈을 마련하는 방법은 집을 되파는 수밖에 없었다. 결국 어머니는 여동생에게 집을 사 주기 위해 오빠인 한준 씨 집을 처분할 것을 요구한 셈이었다. 이쯤 되니 아내는 '정말 이상한 집안'이라며 그동안 참아왔던 설움을 쏟아 냈다. 한준 씨 또한 애써 잊으려 했던 어린 시절 차별 대우에서 받은 상처까지 한꺼번에 솟구쳐 올라왔다.

모자 갈등이 심해져 결혼생활마저 위기에 몰린 한준 씨의 이야기이다. 한준 씨의 어머니는 왜 딸만 편애했던 것일까. 어머니는 여러 형제 중 딸로 태어나 부모로부터 제대로 대접을 받지 못하고 언제나 남자 형제들에게 치였다. 남자 형제들은 대학을 갔지만 딸인 자신은 대학을 포기하고 직장을 다니며 남자 형제들의 뒷바라지를 해야 했다. 이 과정에서 쌓인 어머니 자신의 억울함을 보상받으려는 심리가 딸만 애지중지하는 모습으로 나타났다. 어머니는 딸을 자신과 동일시하여 지난날의 상처를 풀고 있었던 것이다.

동일시를 통해 자신의 상처를 해결하려는 시도는 가족 안에서 무수히 발생한다. 법대나 의대 학생들을 보면 자기 인생이 아닌 다른 사람의 인생을 사는 듯 삶에 수동적인 모습을 보이는 경우가 있다. 돈이 없거나 권력이 없어서 서글펐던 과거를 자식을 통해 해결하고자 하는 부모들의 욕구가 그들에게 투영되어 있는 것이다. 그러나 이런 식으로 과거의 상처를 해결하려는 시도는 가족 안에 또 다른 상처를 만들어 낸다. 어머니가 상처 받은 자신에게 보상하기 위해 딸에게 그토록 헌신했지만 의도와 달리 또 하나의 가족 희생양이 발생한 것처럼.

## 가족을 나의 아바타로 삼고 있다?

심리적 방어기제 가운데 가장 복잡한 형태는 투사와 동일시가 하나로 혼합된 듯한 투사적 동일시이다. 이는 자신이 가지고 있는 위험한 속성을 다른 사람에게서 끌어낸 다음 그를 조종함으로써 자신의 충동을 조종하려 한다. 이때 상대방은 자신의 정서적 분신이 된다.

남자를 은근히 유혹하여 자신에게 빨려들게 해놓고 막상 그가 가까이 접근하면 싫다고 달아나는 여성이 간혹 있다. 마치 싫다는 사람 쫓아다니는 한심한 스토커로 취급하니 남자는 당황스럽다. 이 여자의 무의식 속엔 '집요한 스토커에게 고통당하는 선량한 희생자' 이미지가 새겨져 있다. 어떤 고통과 두려움 때문에 누군가를 사랑하는 자신에 대해 불안을 느끼는 심리가 작용하여 생기는 일이다. 자기에게 실컷 호감을 갖게 해놓고 남자가 적극적으로 다가오면 음흉한 남자 또는 스토커로 취급함으로써 자기에게 내재된 불안을 현실화한다. "거 봐, 내 불안이 괜히 그런 게 아니잖아. 이건 실제 상황이잖아." 상대방을 조종해 현실화시킨 불안을 통해 자신을 합리화하고 감정을 통제하려는 방어기제이다.

정도에 따라 다르지만 상대방을 내 감정대로 조종하려는 사람들이 있다. 애꿎은 가족에게 사소한 일로 불같이 화를 내는 경우도 여기에 해당한다. 대개 이런 경우 먼저 작은 일로 배우자나 아이들에게 트집을 잡거나 시비를 건 뒤 상대방이 여기에 걸려들면 더 화를 돋우면서 집중적으로 퍼부어 자기 감정을 해소하려고 한다.

한 아빠가 회사에서 마음이 불편한 일이 생겨 불쾌한 상태로 집에 돌아왔다. 초등학생 아들이 텔레비전을 보고 있는 것을 보자 다른 날 같으면 그냥 지나쳤을 텐데 괜히 트집을 잡는다. "너 숙제는 다 하고 보는 거야?"라고 고함을 팩 지른다. 아빠가 까닭 없이 소리치자 마음이 상한 아들은 "이것만 보고 숙제할 거예요"라고 퉁명스럽게 대답한다. 사실 아들은 언제나 자기가 보던 텔레비전 프로그램이 끝난 후 숙제를 하곤 하였다. 그러나 아들의 퉁명스런 대답에 아빠는 더 화를 낸다. "너 그게 아빠한테 무슨 태도야?" 상황을 깨달은 아들은 마지못해 텔레비전을 끄고 자기 방에 들어가 숙제를 한다. 책과 공책을 앞에 두고 있지만 아들의 마음속에는 아빠의 이해할 수 없는 행동에 대한 원망과 분노가 스멀스멀 올라온다.

이런 일이 한두 번쯤 벌어지지 않는 가정이 있을까? 아빠는 자기 안에 있던 분노의 감정을 똑같이 아들의 마음에 일으켜 놓았다. 아빠는 상사에게 어이없이 당하면서 시키는 일을 해야만 했던 불쾌한 감정을 해소하기 위해 아들에게 억지로 숙제를 하게끔 하였다. 아빠는 자기 안에 일어난 부정적 감정을 스스로 해결하지 못하고 아들을 자신의 정서적 아바타로 만들어 놓고 그를 통해 자기 감정을 해소한다. 동일시가 상대방을 자신과 같은 존재로 여기며 일방적으로 애증을 주는 기제라면, 투사적 동일시는 상대방에게 내 정신과 감정 상태를 로봇처럼, 아바타처럼 움직여 재현시킨다는 차이점이 있다. 그만큼 더 복잡하고 치유도 쉽지 않다.

투사적 동일시가 상습적인 방어기제로 고착되면 가족들 모두 고통에 빠진다. 가족들끼리 무의식적으로 상대방을 아바타로 만들어 자기 감정을 표현하거나 해소시키다 보면 자신의 화나 분노가 어디에서 비롯된 것인지 짐작하기 어려워진다. 숨은 조종자가 누구인지, 실제 의도가 무엇인지 전혀 알 수 없다. 왜 미워하는지, 왜 함께 사는 것이 힘든지, 어디서 고통이 시작되었는지 알지 못한 채 감정적으로 복잡하게 얽혀 서로에게 상처를 주고받으며 살아가게 된다.

## 행동 패턴에 이름을 붙여라

이처럼 가정에서 흔하게 일어나는 투사, 동일시, 투사적 동일시에서 벗어나는 방법은 없을까? 스위스의 아동심리학자로 아동의 체벌과 학대에 대해 세계적 권위자인 앨리스 밀러는 우리가 진정으로 트라우마에서 회복되기 위해서는, 고통을 회피하기 위해 만들어 놓았던 수많은 방어기제를 밝혀야 한다고 말한다.

부부는 어린 시절의 상처를 고스란히 결혼생활에 가지고 온다. 방어기제들은 우리가 어린 시절 문제에 직면했을 때 자신도 모르게 사용한 아주 오래된 습관이다. 방어기제는 우리의 고통스런 감정을 해결해 주는 것이 아닌 무뎌지게 하는 임시 수단에 불과하다. 그 사실을 '의식적으로' 인정하고 받아들여야 문제에 직면할 수 있다. 그러기 위해서 가족관계에서 이뤄지는 일정한 행동 패턴을 관찰하는 것이 도움이 된다. 가족은 언제나 일정한 틀 속에서 관계를 맺고 소통한다. 가족 사이에 만들어져 있는 패턴을 찾아내 그 안에서 이뤄지는 다양한 방어기제에 이름을 붙이면 그 부작용을 해소할 길도 열린다. 사물이나 현상을 구분 짓고 서로 다른 이름을 붙여 구별하는 것은 가족심리학에서 매우 주효한 해결책 중 하나이다.

# 어린 시절의 아픔은
# 자국을 남긴다

어린 시절 힘들었던 경험은 우리에게 흔적을 남깁니다. 부모와의 관계나 집안 분위기 등 어린 시절 경험은 우리 인생의 안내자 구실을 합니다. 긍정적이든 부정적이든 우리 인생은 이 경험에 따라 방향이 어느 정도 정해집니다. 현재의 감정이나 행동은 과거의 감정과 행동에 영향을 받게 마련이기 때문입니다. 어린 시절에 받은 상처나 결핍으로 한 사람의 인생이 바뀔 수도 있습니다. 상처나 결핍이 심할 경우 그의 인지적 정서적 기능을 마비시키고 부정적 감정이 몸과 마음을 뒤덮습니다. 이런 상황에서 우리가 지쳐 쓰러지지 않고 자신을 보호하기 위해 무의식적으로 자신을 속이거나 상황을 다르게 해석하기도 합니다. 이렇게 감정적 상처로부터 자신을 보호하는 심리 의식이나 행위를 방어기제라고 합니다. 방어기제에는 원시 방어기제와 중독 방어기제가 있습니다.

## 나를 지키려는 몸부림

원시 방어기제에는 억압, 부인, 반동형성, 퇴행, 전치, 승화, 분노의 자기에로의 전향 등이 있습니다. 여러분은 어떤 방어기제를 평소 사용하는지 한번 살펴보세요.

◆ **억압:** 고통이나 불쾌감, 욕구를 무의식적으로 억압합니다. 심한 경우 고통스러운 약속이나 사건을 까먹거나 잊어버립니다. 참석하기 싫은 모임을 잊거나 지각하는 것을 통해 나타나기도 합니다.

◆ **부인:** 부인否認은 자신을 속이는 시도입니다. 고통스러운 현실을 끝까지 인정하려고 하지 않습니다. '절대 그럴 리가 없어'라며 현실을 부인하고 믿고 싶은 것만 믿는 것입니다. 예를 들면 사랑하는 사람이 죽었거나 배신했을 때 그 사실을 인정하지 않습니다.

◆ **반동형성:** 자신이 느끼는 감정과 반대의 행동이나 태도를 취합니다. 속으로는 좋으면서 좋아하는 사람을 괴롭히거나 시비를 거는 것도 여기에 해당합니다.

◆ **합리화:** 방어기제 중 가장 흔히 사용되는 방법입니다. 현실에 더

이상 실망을 느끼지 않기 위해 자신의 행동이나 생각을 정당화할 그럴듯한 이유를 찾아내는 것입니다. 이솝 우화에서 여우가 탐스러운 포도를 먹기 위해 온갖 노력을 하지만 실패한 후 '저 포도는 분명히 신포도일거야'라고 말하는 데서도 나타납니다.

◆ **퇴행**: 심각하게 스트레스를 받거나 곤경에 처했을 때 불안을 줄이기 위한 방법으로 어린 시절 행동했던 방식으로 되돌아가는 것을 말합니다. 한 어린이가 동생이 생겼을 때 스트레스를 받고 어린아이 같은 짓을 하는 것이 한 예입니다. 성인의 경우 누군가로부터 비난을 받으면 대들거나 몹시 침울해져 혼자만의 공간에 틀어박히려는 성향을 보입니다. 사랑하는 사람이 자신이 바라는 대로 해 주지 않으면 자신을 사랑하지 않는다고 느끼거나 일을 완벽하게 처리하지 못하면 자신을 쓸모없는 사람으로 여깁니다. 무언가 얻기 위해 울거나 분노, 발작을 일으키는 등 성숙하지 못한 방식으로 행동을 합니다.

◆ **전치**: 다른 사람에게 향해야 할 감정을 아무 상관이 없는 사람에게 퍼붓습니다. '종로에서 뺨 맞고 한강에서 눈 흘긴다'는 속담이 여기에 해당합니다. 대부분 이 방어기제를 흔히 사용합니다. 특히 화를 내어도 별로 되갚을 힘이 없는 약자에게 쏟아붓습니다.

익명성이 유지되는 도로 한가운데서 거칠게 운전하거나 다른 운전자의 실수를 집요하게 물고 늘어져 보복하는 행동을 하기도 합니다. 부부싸움 후에 괜히 자녀에게 소리 지르고 화풀이를 하거나 회사에서 받은 스트레스를 집에 들어와 공연히 아내와 자녀에게 풀거나 예민하게 반응하는 것에서 나타납니다.

◆ **승화:** 사회적으로 받아들일 수 없는 성적인 혹은 폭력적 충동을 다른 대상과 표현 방법으로 전환시키는 것입니다. 성숙한 방어기제 중 하나로 공격적인 성향을 가진 사람이 자신의 공격적 에너지를 학문에 쏟아부어 성과를 이루어 내기도 합니다. 프로이트는 승화가 모든 예술과 문화를 가능하게 했던 심리기제라고 봅니다. 그는 레오나르도 다빈치의 <모나리자>가 동성애 충동을 예술적으로 승화시킨 작품이라고 말합니다.

◆ **분노의 자기에로의 전향:** 자기 안에 있는 분노를 다른 사람에게 향하는 것이 위험하고 허락될 수 없다는 것을 알고 분노를 자기 자신에게 돌려서 스스로에게 보복을 하면서 자기를 파괴해 나갑니다. 헛되게 시간을 낭비하고 자신의 재능과 기회를 허비하고 게으름과 방탕으로 사신을 궁시로 몰아갑니다. 끝내는 자신을 없애려는 자살 시도를 하기도 합니다.

## 때로는 중독에 빠지기도 한다

상처가 깊으면 흉터가 남듯이 몸과 마음에도 해소되지 않은 트라우마가 남아 있습니다. 어린 시절 정서적 신체적 상처를 입으면 비합리적인 생각으로 자신을 방어합니다. "이 일이 내게 일어난 것을 보니 나는 분명히 나쁜 아이야" "아무도 나를 사랑하지 않아" "나는 분명히 사랑받을 수 없는 아이야" 이러한 생각을 하는 아이는 상처를 더욱 깊게 입으면서 뿌리 깊은 수치심을 갖습니다. 가족치료사인 존 브래드쇼는 수치심의 감정이 중독의 원인이라고 말합니다. 죄책감은 우리가 실수했다는 것을 알게 해 주지만 수치심은 자신 스스로가 실수라고 느끼게 합니다. 이런 수치심의 감정에 외로움, 슬픔, 불안, 두려움, 분노, 우울 같은 다른 감정이 따라붙습니다. 여기서 가장 강력한 감정은 분노입니다. 상처를 받은 아이는 자기가 상처를 받을 수밖에 없는 존재라고 믿지만, 마음속 깊은 곳에 자신이 받은 상처에 대한 깊은 분노를 갖고 있습니다. 이 분노는 깊이 파묻혀 있다가 중독을 통해 표출됩니다.

크리스틴 콜드웰은 몸과 마음에 남아 있는 트라우마를 해결하려고 '지금 여기'의 몸을 떠나는 현상을 중독이라고 합니다. 중독이란 트라우마 때문에 상처 입은 어린 시절에 형성된 고정된 신체 반응입니다. 트라우마의 고통에서 빠져나오는 욕구 충족이란 쾌락의 경험, 즉 중독이 대체물입니다. 알코올, 니코틴, 도박, 게임, 섹스 등에 의존하여 자기 몸을 떠나려고 합니다. 중독의 특성은 반복에 있습니다. 반복을 통해 우리의 몸은 중독에 익숙해집니다. 그러나 문제는 점차 내성이 생기면서 나중에는 고통을 완화시켜 주는 도구가 아닌 자신을 옭아매는 감옥이 됩니다.

현대인 10명 중 7명이 어떤 식으로든 중독 상태에 있다고 합니다. 트라우마 전문가인 콜크_Bessel A. van der Kolk_에 의하면 중독은 트라우마를 가진 사람들이 상처를 해결하기 위해 사용하는 '자가 치료'입니다. 그러나 중독은 상처를 해결하려는 사람과 그의 가족에게 더 깊은 정서적 심리적 고통을 주고 그 경험 속에서 다시 상처를 줍니다.

중독 방어기제는 우리 내면의 상처 입은 감정을 곧바로 느끼지 못하게 합니다. 대부분의 중독자들은 저마다 어린 시절의 상처를 갖고 있습니다. 아프고 고통스러운 감정으로부터 보호받고 싶어 중독 행위를 선택합니다.

## 중독은 감정을 억압한다

최근 현대사회에서 점점 증가하고 있으며 커다란 사회문제를 일으키는 중독 중에 성중독이 있습니다. 성중독은 단순히 이성을 좋아하고 섹스를 좋아하는 것이 아닙니다. 부정적인 감정을 긍정적으로 바꾸고 스트레스를 해결하기 위해 성에 집착합니다. 또는 기분이 좋거나 뭔가 일을 성취했을 때 자신에게 보상을 주기 위해 성중독 행위를 하기도 합니다. 성중독의 기초 토대는 성적 공상, 자위행위, 포르노입니다. 성중독자는 공상을 통해 성중독을 지속해 갑니다. 성중독자는 거의 지속적으로 섹스에 대해 생각합니다. 정상적인 사람은 매력적인 사람에게 성적 매력을 느끼지만 잠시 후 그 생각은 지나갑니다. 그러나 성중독자는 지속적으로 유지합니다. 성중독자는 사실 성적 공상에 중독되어 있는 것입니다. 성중독자는 잠을 자기 위해 침대에 누웠을 때 공상을 통해 그날의 긴장과 스트레스를 전환시킵니다. 공상을 통해 성 상대자의 이미지를 만들어 내고 자신에게 결핍된 욕구를 채워 줄 행위를 상상하거나 자위를 합니다. 심지어 실제 상대와 성행위를 하면서도 자신이 만들어 낸 가공의 상대를 떠올립니다. 잠자리에서 만들어 낸 가공의 성적 이미지를 통해 자신의 상처 난 감정을 해소합니다.

아마도 성중독자들은 부모나 주변으로부터 따뜻한 사랑을 받지 못하였기에 자기 몸을 만지는 것이 유일한 스킨십일 것입니다.

성중독에서 벗어나기 위해서는 성이 내가 의존할 수 있는 가장 중요한 것이라는 신념을 깨뜨리는 데 있습니다. 먼저 공상을 멈추어야 합니다. 공상을 통해 감정을 정화하고 스트레스를 대처하려던 방식을 내려놓아야 합니다. 둘째, 상처 치유를 해야 합니다. 성중독자가 잊고 싶은 고통스러운 감정은 그의 가족 안에 있습니다. 그가 가족 안에서 받았던 학대와 갈등을 기억해 내고 억압된 감정을 다루어야 합니다. 너무 고통스러워 기억조차 하기 두려웠던 일을 찾아내야 합니다. 성중독자인 한 여성은 자신이 아버지로부터 근친강간을 당했다는 기억을 찾는 데 2년 이상이 걸렸습니다. 학대가 심할수록 회복하는 데 시간이 더 오래 걸립니다.

## 방어기제에서 벗어나는 길

세계적인 아동심리학자 앨리스 밀러는 방어기제를 다루는 데에는 두 가지가 필요하다고 말합니다. 먼저 어린 시절에 입은 트라우마 앞에 마주서야 합니다. 그리고 고통을 회피하기 위해 세워 놓은 수많은 방어기제를 밝혀 내야 합니다. 방어기제는 우리의 고통스런 감정과 기억을 억누를 뿐 해결책이 아닙니다. 방어기제를 통해 억압당한 슬픔, 절망, 분노, 공포, 무기력, 두려움, 수치심, 죄책감 등과 같은 내면의 고통스러운 감정들이 조금씩 새어 나오면 자신에게 일어난 일을 말로 표현할 수 있게 돕는 것이 필요합니다.

불행한 어린 시절은 우리를 사막에서 필사적으로 물을 구하는 사람으로 만듭니다. 우리는 사막에서 물을 구할 수 없습니다. 그러나 오랫동안 물을 구하지 못해 더욱더 물을 찾고자 사막 한가운데를 헤맵니다. 우리는 사막에서 물을 찾고자 헤맬 것이 아니라 사막을 빠져나갈 방법을 찾아야 합니다. 여기서 심리치료는 사막을 나가게 해 주는 방법 중 하나입니다.

치료를 통해 어린 시절의 경험이 현재의 삶에 미치는 영향을 스스로 조절할 수 있게 됩니다. 과거의 상처를 현재 어떻게 보고, 수용하는가에 따라 과거의 상처가 주는 강도가 달라질 수 있습니다. 이를 통해 우리가 무의식적으로 우리 자신을 보호하려고 사용한 방어기제를 서서히 내려놓게 되며 더 나아가서 중독 방어기제로부터 벗어날 수 있습니다.

가정은 세계를 축소한 하나의 소우주로서

세상을 변화시킨다는 것은 곧 가정을 변화시켜야 한다는 것이다.

가족은 빙산과도 같은 것이기 때문에

물 밑에 큰 얼음 덩어리가 있다는 것을 알아야 한다.

즉 가족의 운명은 매일 벌어지는 일상의 그림자에 깔린

서로의 느낌과 요구를 이해하는 데 달려 있다.

_

버지니아 사티어 *Virginia Satir*

4부

# 행복한 가족의
# 비밀

## 20장

# 나를
# 사랑하는 것이
# 먼저다

초등학교 1학년 크리스마스 때 받은 멋진 은색 권총 선물은 지금도 잊을 수 없다. 차갑고 매끈한 촉감과 묵직한 무게감, 손에 착 감기는 느낌 등 모든 게 마음에 쏙 들었다. 나는 영화 주인공이라도 된 듯 들떴다. 신이 난 나머지 동네 골목으로 달려가 친구들에게 자랑을 하였다. 어젯밤 산타 할아버지가 이 멋진 선물을 주고 가셨다고. 주위로 모여든 친구들의 부러운 표정에 나는 더욱 흥이 났다. 그런데 한 아이의 말이 산통을 깼다.

"그거, 산타가 아니라 네 아버지가 밤에 몰래 갖다 놓은 거야."

나는 밉상스러운 녀석에게 쏘아붙였다.

"웃기지 마. 착한 일을 많이 해서 산타 할아버지가 선물을 주신 거야, 이게 그 증거라고. 너는 매일 말썽만 부리니 산타 할아버지가 그냥 가신 거지…."

그러고 집으로 돌아오는데 뭔가 찜찜했다. 처음에 신나던 기분은 사라지고 궁금증이 일었다. '정말 산타 할아버지가 이 권총을 주신 게 맞긴 한가? 산타 할아버지는 내가 이런 권총을 갖고 싶다는 걸 어떻게 아셨을까?'

작년 크리스마스 때 아들을 위해 몰래 선물을 준비하다 문득 어릴 때 기억이 떠올랐다. 내가 어린 시절에도 산타를 믿지 않는 아이들이 많았는데, 훨씬 더 영악해진 요즘 세상에 내 아들 놈은 과연 루돌프 썰매를 타고 굴뚝 위를 날아다니는 산타 할아버지를 믿을지 궁금한 마음이 일었다. 그러나 내 걱정은 기우였다. 아침에 일어난 아들은 크리스마스 선물을 발견하고는 간밤에 산타 할아버지가 다녀가셨다며 환호를 지르고 방을 뛰어다녔다. 요즘 애들 치고는 영악하지 않은 아들 녀석의 모습에 마음이 놓이는 듯했다.

아이들이 갖는 환상과 꿈의 세계는 그러한 환상을 세심하게 배려해 주는 부모의 도움을 통해서 유지된다. 성탄절 특집 텔레비전 프로그램에서 한 고아가 자기는 산타클로스의 존재를 믿지 않는다고 담담하게 말하는 것을 보았다. 리포터가 이유를 묻자 아이는 "저는 한 번도 산타에게 선물을 받은 적이 없거든요"라고 대답했다. 어린 시절에 산타 할아버지 따위는 존재하지 않는다고 나를 비웃던 친구들은 아마도 크리스마스 선물을 받은 적이 없는 아이들이었을 것이다. 열악한 현실은 아이들에게서 환상과 꿈을 일찍 앗아간다. 환상과 동화의 세계는 연약한 아이들의 자아를 보호해 주는 방어 메커니즘이 된다. 성인과는 달리 아이들은 세상의 현실에 노출되면 감당해 내기 어렵다. 아이들은 동화와 환상을 통해 그들의 연약한 자아를 보호받는다.

## 자기애는 어떤 슬픔도 이겨 낸다

모든 인간에게는 건강한 나르시시즘, 즉 자기애自己愛가 필요하다. 자기애는 '나는 괜찮은 사람이야'라는 기분 좋은 느낌을 갖는 상태를 뜻한다. 자기애는 유아기 부모에 의해, 특히 어머니를 통해 형성된다. 심리학에서는 태어나서 3년 동안 아기에게 가장 중요한 사람이 엄마라고 한다. 이 시기에 엄마와 애착이 형성되지 않으면 훗날 어떤 사람에 의해서도 그 결핍은 채워지지 않는다.

유아기의 아기는 자기 인식이 없다. 자기가 다른 사람과 구별되는 하나의 존재라는 사실을 알지 못한다. 그래서 아기는 거울을 들여다보아도 거기에 비쳐지는 모습이 자기 자신이라는 것을 인식하지 못한다. 이러한 갓난아이에게 자기가 누구인지를 알려 주는 거울은 바로 엄마이다. 아이는 엄마라는 거울을 통해 자신의 모습을 본다. 따라서 이 시기의 아기가 엄마의 얼굴을 바라볼 때, 아기는 엄마를 보는 것이 아니라 자기 자신을 보는 것이다. 즉 아기는 엄마의 표정을 통해 자신에 대한 정체성을 갖는다. 엄마가 웃으면 아기도 웃으면서 그대로 흉내 낸다. 엄마가 우울한 얼굴을 하고 있다면, 아이도 역시 우울한 표정을 짓는다. 아기는 엄마의 표정을 통해 자기 자신과 세계를 보는 것이다. 엄마가 웃으면 아기는 자신이 사랑스러운 존재라고 여긴다. 엄마가 안아 주고 달래 주면 아기는 자신이 안전하다고 느낀다. 엄마가 아기의 욕구에 반응을 보여 주면 아기는 자신이 중요한 존재라고 인식한다. 그러나 엄마가 웃지도, 안아 주지도, 달래 주지도, 사랑해 주지도 않는다면 아기는 자신을 무가치한 존재로 느낀다.

첫돌에서 네 살까지 아이들은 상처에 극도로 취약하다. 이 시기에 부모로부터 받는 무조건적인 사랑과 관심은 건강한 자기애를 발전시킨다. 부모에게 충분히 사랑받고 세심하게 돌봄을 받은 아이들은 자연스럽게 자기애가 형성된다. 아이 스스로

233

자신을 멋지고 만족스럽게 생각한다. 환상과 꿈의 세계에서 마음껏 상상의 날개를 펼친다. 이런 모습은 아이들의 상상놀이를 통해서 잘 드러난다. 부모들이 보기엔 우스꽝스러울 수도 있지만 이런 모습은 지극히 정상적이고 대단히 중요한 과정이다. 앞으로 인생을 살면서 겪게 될 두렵고, 절망적인 상황을 헤쳐 나가는 등불이 된다.

1995년 삼풍백화점이 무너졌을 때 건물 잔해 사이에서 17일 만에 구조된 박승현 씨의 사례는 자기애의 중요성을 잘 보여 준다. 수천 명의 쇼핑객이 붐비는 강남의 대형 백화점이 마치 모래성 허물어지듯이 단 20초 만에 붕괴된 이 충격적 사고로 1400명 이상의 인명 피해가 발생했다. 구조대가 출동했지만 거대한 콘크리트 더미 사이에서 생존자를 찾는 작업은 더디기만 했다. 건물 붕괴 17일째가 되어 더 이상 생존자가 있을까 싶던 무렵, 사고 시각으로부터 정확히 377시간 만에 극적으로 한 여성이 구조되었다. 당시 열아홉 나이의 앳된 승현 씨였다. 그 충격의 현장에서 몸조차 제대로 움직일 수 없는 상태로 갇혀 17일 동안 빗물로 목을 축이며 연명하다가 기적적으로 구조된 것이다. 한 기자가 승현 씨에게 어떻게 그 힘든 시간을 버텨낼 수 있었는지 물었다. 승현 씨는 굶주림과 극도의 공포감 속에서 잠들다 깨기를 반복하였지만 한 순간도 구조의 희망을 포기하지 않았다. 그렇게 버티게 한 힘은 어린 시절 행복했던 추억들이었다고 대답했다. 가족들과 떠난 여행, 함께한 행복한 시간들을 하나하나 끄집어내어 죽음의 공포를 이겨 냈다고 말했다. 어릴 적 부모에게 받은 따뜻한 사랑과 함께한 즐거웠던 순간은 살아가면서 겪을 두려움과 슬픔을 이기게 하는 소중한 힘이다. 그리고 이것이 자기애를 형성하는 근원이기도 하다.

## 건강한 자기애는
## 자존감과 연결된다

반면 부모에게 거부당하고 충분한 사랑을 받지 못해 자기애가 부족한 아이는 세상 밖으로 나갔을 때 쉽게 상처 받고 좌절한다. 자기애가 연약하고 손상당한 상태여서 더 이상 상처를 받지 않으려고 위축되고 뒤로 물러나는 모습을 자꾸 보인다.

사랑을 받아본 적 없고, 그래서 건강한 자기애를 형성하지 못한 사람은 타인을 사랑하는 능력도 부족하다. 스트레스를 해결하는 능력이 떨어져서 쉽게 상처를 받으며 언제나 타인의 관심과 애정에 목말라 한다. 그리고 그 욕구를 채우려는 마음에 남들을 조종하고 통제하며 착취하려는 경향도 보인다. 심한 자기 불신과 열등감을 갖고 있으며 자기 확신이 부족하기 때문에 권력에 더욱 집착한다. 자신이 휘두르던 권력이 의심을 받거나 위태로운 상황에 놓이면 순식간에 이성을 잃어버린다. 조금만 뜻에 거슬려도, 가벼운 비판이나 공격에도 금세 발끈하고 상대방을 공격한다. 이것은 '나는 괜찮은 사람이야'라는 자기애를 손에 넣으려는 필사적인 노력이다. 그러나 자기애를 얻으려고 온갖 애를 쓰지만 지칠 대로 지쳐 가면서 목표에는 다다르지 못한다. 안타깝지만 어린 시절 생긴 사랑의 결핍은 스스로 노력한다고 해서 쉽게 채워질 수 있는 성질이 아니기 때문이다.

자기애는 여성들의 다이어트에도 크게 영향을 미친다. 한 여대생은 과식하고, 그래서 체중이 늘어나면 그런 자신을 자책하였다. 다른 날씬한 여학생들과 자신을 끊임없이 비교하며 자신이 쓸모없다는 느낌을 받았다. 스트레스를 받으면 고통을 달래려 계속 먹어대는 악순환이 이어졌다. 이 여대생을 힘들게 한 것은 정작 체중이 아니라 바로 자기 자신에 대한 사랑의 부족이었다.

건강한 자기애는 안정된 자존감과 연결된다. 자존감은 자기 자신에 대한 전반적인 평가를 뜻하며 우리가 살면서 부딪치는 크고 작은 모든 결정에 영향을 미친다. 심리학자 알프레드 아들러는 이렇게 말한다.

"스스로를 낮게 평가하는 사람은 끊임없이 다른 사람과 비교하고, 이를 통해 자신이 더 형편없다고 느끼게 된다."

가족치료사 사티어는 가족 문제의 시작이 바로 부부의 낮은 자존감에서 비롯된다고 지적한다. 부부 각자의 낮은 자존감은 소통을 어렵게 하고 그래서 갈등을 유발하며 다시 자존감에 상처를 입히는 일이 생기는 것이다.

부부싸움을 하고 나면 20여 가지가 넘는 감정들이 올라온다고 한다. 분노, 원망, 후회 등은 가장 일반적인 감정이고 마지막에 자기 비하의 감정이 올라온다. 자기 비하, 즉 '그러면 그렇지. 내가 어디 가겠어, 내 주제에…'라는 마음은 그나마 남아 있던 자존감마저 더 떨어지게 한다. 가족 갈등의 비극적인 악순환이 시작되는 순간이다.

## 내 안에는 '면박꾼'이 살고 있다

건강한 자기애와 자존감 형성에는 무엇보다 어린 시절 부모의 역할이 중요하다. 부모는 아기에게 좋은 거울 역할을 해 주어야 한다. 부모가 아이를 어떻게 바라보았는가에 따라 자녀는 자신에 대한 가치를 달리 느낀다. 영국 출신의 소아과 의사이자 정신분석가로 40년간 2만 명이 넘는 아동을 상담한 도날드 위니콧Donald Winnicott은 자녀에게 건강한 자기애를 형성하려면 안아 주기, 일관성 있게 다루기, 적절하게 아기의 욕구를 받아 주는 좋은 엄마 아빠가 필요하다고 말한다. 이때 좋은 엄마 아빠란 '자기 자리'를 충실히 지키면서 최선을 다하는 괜찮은 엄마 아빠를 말한다. 완벽하기보다는 때로 실수하지만 잘못을 수정할 수 있는 부모이다.

원래부터 자기애가 부족하고 자존감이 낮은 사람은 없다. 어린 시절 불행하게도 잘못 학습된 결과일 뿐이다. 사티어는 낮은 자존감을 가진 가족의 특징으로 부정적 사고를 꼽는다. 우리가 낮은 자존감으로부터 벗어나기 위해서는 자기 내면에 있는 면박을 주는 자아를 발견해야 한다.

우리 마음속에는 자신의 잘못을 확대해서 지적하고 무엇인가를 하려 들면 '너는 할 수 없어' '네가 해 보았자 잘 되겠어'라며 부정적인 면만을 강조하는 '면박꾼'이 존재한다. 면박꾼은 지나치게 부정적인 사고를 불러일으키고 사기 저하와 우울감, 무기력을 유발시킨다.

"스스로를 낮게 평가하는 사람은 끊임없이
다른 사람과 비교하고, 이를 통해
자신이 더 형편없다고 느끼게 된다."
가족 문제의 시작이 부부의 낮은 자존감에서 비롯되기도 한다.
부부 각자의 낮은 자존감은 소통을 어렵게 하고
그래서 갈등을 일으키며
다시 자존감에 상처를 입히는 일이 생긴다.
우리가 낮은 자존감에서 벗어나려면
내 안에 숨어 있는 면박을 주는 자아를 발견해야 한다.

우리 내면에 있는 면박꾼은 이런 말들을 주로 한다.

너는 사랑받을 가치가 없어.

누구 닮아서 그러니?

너 때문에 내가 못살아!

나중에 뭐가 될래!

넌 참 한심해.

언제 철들래!

쓸데없는 소리 그만해!

네가 뭘 알아!

모든 게 다 내 탓이야.

먼저 내 안에 있는 나를 힘들게 하는 면박꾼의 소리를 수첩에 적어 보자. 이런 비난하는 소리에 직면하는 것은 고통스럽지만 벗어나기 위해서는 내 안에 있는 나를 똑바로 들여다보아야 한다. 그 후 면박꾼이 부정적인 말들을 쏟아낼 때 '그만'이라고 마음속으로 외치고 그 소리가 더 이상 내 존재의 소리가 아닌 단지 면박꾼의 소리일 뿐이라는 것을 인식힌다. 서서히 오랫동안 함께했던 면박꾼의 소리를 나 자신과 분리한다. 우리 안에 있는 면박꾼이 점차 사라지면서 자기애와 자존감은 서서히 회복될 수 있다.

## 자존감을 회복할 수 있을까

프랑스의 신경정신의학자이며 대표적인 트라우마 연구가 보리스 시뤼니크는 어린 시절 자기애와 자존감이 상처 입었다고 하더라도 때로 따뜻한 사람을 만나 회복되기도 한다고 자신의 경험을 통해 주장한다. 그는 어린 시절 유태인 강제수용소에서 부모를 잃고 고아로 힘들게 살았지만 주변의 따뜻한 시선으로 회복할 수 있었다고 한다. 그는 자신이 쓴 《불행의 놀라운 치유력》에서 근거를 통해 이 사실을 밝히고 있다.

2010년 7월 거제도 한 관공서에 몇 박스의 수건이 편지와 함께 배달되었다. 이웃을 위해 쓰라고 물품을 기탁한 뜻도 고마웠지만 편지의 주인공인 70대 형제의 사연이 더욱 감동적이었다. 이들 형제는 한국 전쟁 때 함흥에서 피난을 내려오다가 가족들을 모두 잃어버렸다. 어쩌다 거제도까지 흘러들어온 형제는 거제도의 한 관청 앞에 앉아서 배고픔과 불안에 떨고 있었다. 한 공무원이 관청 앞을 지나다가 형제를 보았다. 그는 음식을 사 주면서 용기를 내어 잘 살라는 따뜻한 위로를 건넸다. 이들 형제는 그 후 수많은 고비와 풍파를 만났지만 그 따뜻한 격려를 되새기며 지금까지 건실하게 살아왔다고 편지에 씌어 있었다.

다른 이들의 슬픔을 어루만지는 자상한 선행은 이처럼 꼬리에 꼬리를 물고 이어진다. 주변의 따뜻한 관심과 배려는 슬프고 불안하고 외로움에 떨고 있는 사람들의 상처 받은 자기애를 회복시켜 주기 때문이다.

# 21장

# 홀로서기를
# 잘할수록
# 가족이 행복해진다

독일인들은 마늘 냄새를 무척이나 싫어한다. 음식에 마늘이 빠지면 영 맛이 싱겁게 느껴지는 전형적인 한국인인 나로서는, 마늘 냄새를 유학 시절 내내 신경 쓰지 않을 수 없었다. 졸업논문 때문에 지도교수와 만날 약속을 잡으면 적어도 3일 전부터 마늘이 들어간 음식을 자제해야 했다. 그런데 독일인들이 마늘 냄새보다 더 못 참는 것이 있으니 바로 멸치국물 끓이는 냄새이다. 우리나라 사람이라면 멸치국물 냄새를 맡으면 '국물이 끝내 주는' 잔치국수나 어묵꼬치를 연상하며 입가에 군침이 돌겠지만, 독일인들은 사정이 다르다. 그들은 이런 냄새를 접해 본 일이 없어 너무나 생소하고 낯설어한다. 내가 구수하다고 느끼는 냄새에 그들은 질색을 한다. 이는 전형적인 문화의 차이다. 결혼생활 방식에서도 두 나라 사이의 문화적 차이는 매우 크게 나타난다.

## 때가 되면 독립이 필요하다

독일 가정에서 아내들이 화장을 하는 시간은 주로 남편이 퇴근하기 직전이다. 즉 그녀들은 남편을 위해 화장을 하는 것이다. 독일인들의 결혼생활에서 가장 중요한 것은 부부 간의 사랑이다. 두 사람 사이에 사랑이 사라지면 결혼생활은 끝난다. 어느 한쪽이 배우자에게 "여보 나는 당신을 더 이상 사랑하지 않아"라고 말하는 것은 이혼하자는 이야기와 똑같다. 그래서 독일 가정의 아내는 남편의 사랑을 유지하기 위해, 결혼생활을 지키기 위해 퇴근하는 남편을 기다리며 화장을 한다. 그러면 우리나라는 어떠한가? 한국 가정에서 아내의 화장은 남편을 위한 것이 아니라 외출 준비일 뿐이다. 남편은 아내의 화장한 모습을 좀처럼 보기 어렵다. 밖에 나갈 때 화장을 하고 집에 들어오면 곧바로 화장을 지우기 때문이다. 남편 역시 마찬가지다. 결혼 전에는 여자 친구에게 잘 보이기 위해 멋진 옷을 차려입었다면 결혼 후에는 대부분 자신의 옷차림을 신경 쓰지 않는다.

또한 한국의 결혼생활은 독일과 달리 부부 사랑이 식었다고 해서 바로 이혼으로 이어지지는 않는다. 남편이 아내에게 "당신을 더 이상 사랑하지 않아"라고 말하더라도 결혼 관계가 끝나는 것은 아니다. 한국의 결혼생활에서 중요한 것은 부부관계 보다 자녀와의 관계이다. 자녀가 태어나면 부부관계는 자녀 중 심으로 재편된다. 부모는 자녀를 위해 기꺼이 부부관계를 포기 하고 자녀 양육에 집중한다. 태어난 아이를 엄마 아빠 곁에 두 고 잠을 자기 때문에 부부만 같이 잠을 자던 예전 모습과 달라 진다. 이러한 문화는 많은 가정에서 아이가 초등학교에 입학할 때까지 이어진다.

반면 독일 가정에서는 아이가 태어나면 약 열흘 정도만 부모 곁에 두고 그 뒤로는 아기 방에서 따로 잠을 재운다. 아이가 아 무리 소중하고 예뻐도 그들은 부부관계를 해치면서까지 양육을 우선순위에 두지 않는다. 독일인들의 국민성은 냉정하고 객관 적이라는 평가가 많은데 이런 양육 방식도 한몫할 것이다. 독일 인 부모는 아이를 침대에 눕히고 그 옆에 곰 인형을 놓아 준다. 아이 곁에서 긴 밤 내내 지켜 주는 존재는 인형이다. 따라서 독 일 아이들에게 인형은 한국의 아이들이 가지고 노는 장난감 인 형 그 이상의 의미를 지닌다. 기나긴 밤을 함께해 준 소중한 친 구인 것이다. 성인이 되고 가정을 꾸린 뒤에도 여전히 유아기에 함께했던 인형을 보관해 두고 친한 손님이 방문했을 때 보여 주 며 추억담을 회고하는 독일인들을 만나기는 어렵지 않다.

이처럼 어려서부터 부모와 떨어져 잠을 자면서 자란 독일 아이들은 부모가 있는 공간과 자신의 공간을 분리하여 생각한다. 부모가 있는 안방에 들어갈 때면 반드시 노크를 하고 허락을 구한 후 들어간다. 그러나 우리나라에서 부모가 있는 안방은 부모만의 공간이 아니다. 안방은 아이들에게도 속하는 공간이라 따로 허락을 구하지 않는다. 이런 문화적 차이와 양육 태도의 차이로 우리나라의 아이들은 부모와 떨어지는 데 그만큼 시간이 많이 걸린다. 반면 독일 아이들은 부모로부터 독립이 매우 빠르다. 군대에 입대한 20대 청년들이 어머니라는 말에 눈물을 글썽이는 모습은 한국적 양육 방식의 산물이다. 20대 독일 청년들이 그런다는 것은 상상하기 어렵다. 프로이트의 애제자로 출발하여 분석심리학이라는 자기만의 학문 분야를 개척한 칼 융Karl Jung은 이런 동서양의 양육 방식에서 동양은 내향적 기질, 서양은 독립적 외형적 기질로 나누어지게 되었다고 말한다.

독일과 한국을 비교하면 결혼생활과 자녀 양육 방식에서 문화적 차이가 크지만 둘 다 공통적으로 적용되는 과제가 있다. 바로 부모로부터 독립과 자율성 실현이다.

독일의 자녀 양육 방식은 일찍부터 자녀에게 독립과 자율을 보장해 주고 스스로의 인생은 스스로 책임져야 한다는 인식을 심어 주기 때문에 '분리와 독립'이라는 면에서 한국에 비해 빠르다. 다만 부모로부터 지나치게 독립을 빨리 하면서 부모와 자녀 간 친밀감이 약하다는 문제점이 있다. 부모와 강한 정서적 유대를 유지하는 한국의 젊은 남녀들은 오랜 끈끈한 애착관계에서 벗어나 분리와 독립을 이루는 데 독일에 비해 상대적으로 어려움이 있다.

성인이 된다고 하는 것은 '내가 이 세상에 혼자 있다'라는 사실을 깨닫는 것이다. 부모마저도 '내가 아닌 남'이라는 인식이 그 출발점이다. 이 사실을 깨달은 사람은 자기 스스로를 책임지기 시작한다. 부모처럼 가까운 관계라도 자신의 인생을 누가 대신 해 주지 못한다는 사실을 철저히 인식한 사람이 책임과 자율성을 제대로 활용할 줄 알게 된다. 당연히 이런 사람이 원만한 결혼생활과 화목한 가정을 꾸려 나갈 가능성이 크다.

## 아들을 떠나보내지 못하는 어머니

나는 대학 때도 교복을 입고 다녔다. 대학생이 웬 교복? 유난히도 파란색을 좋아하는 어머니는 내 옷을 온통 파란색 계열로 사 주었다. 바지도, 티셔츠도 파란색 일색의 촌스러운 모습이라 친구들이 내게 "그거 교복이냐?"라며 놀리기도 했다. 어머니의 패션 감각은 꽤 구식이고 독특해서, 지금도 종종 주변 사람들을 당황시킨다. 자식들이 좋은 옷을 사 드려도 절대 입지 않고 본인이 직접 구입한, 어지간한 사람은 소화하기 힘든 스타일의 옷을 입는다.

사정이 이러하다 보니 대학 시절 나는, 마음에 드는 옷을 스스로 사서 입는 친구들이 부러울 수밖에 없었다. 하지만 어머니는 내게 그런 권한을 주지 않았다. 사랑하는 아들을 위해 마음에 드는 옷을 사 주는 것은 엄마만이 누릴 수 있는 특권이자 기쁨이었다. 이런 어머니의 마음을 잘 알고 있기에 나는 마음에 들지 않지만 어쩔 수 없이 어머니가 사 준 옷을 입고 학교에 다녔다.

어머니는 또 내게 입버릇처럼 이런 말을 하셨다.

"나중에 너 대학 졸업하면 엄마가 네 앞으로 아파트 하나 사 줄게, 독신자 아파트로!"

한번은 어머니의 이런 약속을 친구에게 말했더니 친구는 의아하다는 표정으로 되묻는 것이었다.

"아니, 아파트 사 주신다는 건 좋다만 왜 하필이면 독신자 아파트냐?"

자주 듣던 말이라 이상한 점을 못 느끼던 나도 그제야 궁금증이 일었다. 어머니는 성장하는 아들을 보면서도 마음속으로는 자신의 곁에서 떠나보내기가 두려웠던 것이다. 아들이 커서 부모와의 생활을 불편하게 여기면 독신자 아파트를 하나 구해주실 궁리는 했지만, 정작 아들이 평범한 다른 청년들처럼 결혼도 하고 독립적인 가정을 꾸리게 될 거라는 사실은 깊게 생각을 안 하신 것이다. 가족심리학을 공부하면서 자녀보다는 부모가 더 부모 자식 간 분리를 받아들이기 어려워한다는 점을 알게 되고, 또 나 자신도 아이를 낳아 기르고 보니 어머니의 마음을 어느 정도 이해할 수 있었다.

## 결혼생활까지 망칠 수 있다

부모로부터 독립해서 새로운 가정을 형성하기 전까지 미혼의 시기를 자녀 독립기라고 부른다. 이 시기에 중요한 것은 부모로부터 독립과 자율을 허용받고 미래의 가정을 꾸릴 준비를 하는 것이다. 이 시기에 독립과 자율성을 보장받은 자녀는 안정된 환경 속에서 미래를 준비할 수 있다. 자기의 모든 에너지를 직업을 구하고 결혼을 준비하는 데 충분히 쏟게 된다. 또한 친밀감을 주는 또래집단을 만들어 우정을 만들며 정서적 안정을 추구한다. 이런 사람은 좀 더 안정적인 결혼생활이 가능하다. 그러나 부모에게서 독립과 자율성을 얻지 못한 사람들은 자녀 독립기를 다소 암울하게 보낼 수밖에 없으며 결혼생활도 실패할 가능성이 높아진다.

성인이 된 자녀는 부모에게서 성인으로 대접받고 인정받기를 원한다. 부모가 자녀를 성인으로 인정한다는 것은 자녀의 결정과 선택을 존중하고 수용한다는 것이다. 그러나 부모가 자녀의 성장을 무시하고 여전히 아이처럼 여기고 신뢰하지 않으면 부모 자녀 사이에 지루한 전쟁이 시작된다. 자녀는 부모에게 성인으로 인정받기 위해 투쟁하게 된다. 부모와 갈등을 겪고 사사건건 부딪치면서 긴장 관계기 형성되고, 부모와 자녀 모두 각자의 입장에서 불안과 갈등을 느끼며 방황한다. 자녀가 자신을 인정하지 않는 부모를 공격하는 방식은 대개 수동적이고 자학적 성격을 띤다. 무기력한 모습, 학업 저하, 미래에 대한 의욕과 흥미 상실 등이 대표적이다.

이처럼 무기력하게 싱인기의 초기를 보낸 자녀는 미래를 의욕적으로 준비할 소중한 기회를 놓친다. 이미 20대 중후반 나이가 되었지만 외형상 아무것도 이룬 것이 없는 무기력하고 무능한 사람으로 낙인찍히기도 한다. 여기에 '부모 말 안 듣고 대들기만 하더니 네가 이제껏 해 놓은 게 뭐냐'라는 힐난이 더해지면 그렇지 않아도 위축된 마음에 비수를 꽂는 격이 된다. 이런 경우 남성은 더욱 무기력해져서 결혼 시기가 더 늦춰지고 여성의 경우에는 반대로 부모를 떠나기 위해 자포자기식 도피성 결혼을 시도할 수도 있다.

## 자녀의 독립을 막는 이유

자녀 독립기에 독립과 자율이 이뤄지지 않을 경우 초래될 불행을 생각해 보면 왜 부모가 자녀의 독립을 방해하는지 이해할 수 없을 것이다. 물론 부모가 자녀의 성장을 의도적으로 방해할 리는 없다. 다만 부모가 설정한 틀 속에 자녀를 강하게 끼어 맞추려 하다 보니 오히려 자녀의 성장을 가로막는 사례가 생기는 것이다.

자녀를 떠나보내고 싶지 않은 심리의 부모가 자주 하는 말이 있다.

"너는 엄마 아빠 없으면 아무것도 못해!"

"너는 아직 세상 물정을 몰라."

매우 듣기 싫은 말이지만 반복해서 듣다 보면 자기도 모르게 부모의 시각으로 자신을 보게 된다. 이것을 '내사*introjection*'라고 부른다. 부모가 바라보는 방식으로 자신을 대하니 매사 더욱 무기력해지고 무능에서 벗어나지 못한다. 무능하게 행동하는 자녀를 바라본 부모는 자녀에 대해 갖고 있는 신념을 더욱 굳힌다. 자연히 자녀에 대한 통제와 간섭은 더욱 심해지고 자녀가 여기에 순응하지 않고 자기 주장을 펴면 비난과 잔소리가 늘어만 간다. 이런 상황에서 자녀가 선택할 수 있는 카드는 별로 없다.

어떻게 하면 이런 굴레를 끊고 성인이 된 자녀가 독립과 자율성을 얻을 수 있을까? 원래 자녀의 독립에는 부모의 도움이 필수직이다. 부모가 가로막고 방해하면 그만큼 독립과 자율을 성취하는 데 어려움을 겪는다. 자녀는 부모를 통해서 세상으로 나갈 수밖에 없기 때문이다. 만일 자녀가 세상으로 나가는 것을 부모가 원하지 않고 방해한다면, 독립기에 놓인 자녀는 먼저 자기 가족의 상황을 객관적으로 볼 줄 알아야 한다. 부모가 어린 시절을 어떻게 보냈는지 성장해서 자신의 부모로부터 어떻게 독립과 자율을 얻었는지 탐색하면 도움이 된다. 많은 경우 답은 거기에 있다. 부모 자신들이 독립과 자율을 어렵게 이룬 경우 자녀에게도 반복시키려는 무의식이 작동한다. 이 숨겨진 메커니즘을 발견하는 것만으로도 많은 진전이 이뤄진다. 가족사를 객관적으로 인식하면 부모에 대한 분노와 원망의 강도가 누그러진다. 부모를 탓하고 상처 받으며 좌절하는 대신 그 한계를 받아들이며 현 상황에서 내가 선택할 수 있는 최선의 가능성을 찾기 시작한다. 비로소 하나의 시련을 넘어 자신의 의지를 갖고 독립과 자율을 얻기 위한 첫 발걸음을 뗄 수 있게 된다.

## 22장

# 마음의 병을
# 치료하는
# 소통의 힘

최근까지 살았던 아파트 단지에서 일어났던 일이다. 어느 저녁 직장에서 퇴근한 엄마가 하루 종일 게임만 하고 있는 초등학생 아들을 혼냈다. 다음 날 아침 엄마가 일어나 보니 집안에 아들의 인기척이 전혀 없었다. 놀란 엄마는 방과 화장실까지 다 뒤졌으나 아이가 보이지 않자 순간 이상한 느낌이 들어 베란다 아래를 내려다보았다. 아들은 아파트 바닥에 숨진 채 쓰러져 있었다. 이 일이 알려진 이후로 아파트 단지 부모들 사이에는 애들을 혼낼 일이 있더라도 저녁 시간만큼은 피하는 것이 불문율처럼 자리 잡았다. 부모들은 아이를 혼내더라도 가능한 한 낮에 혼내고 자기 전에 "너 이제 괜찮은 거지, 마음 풀린 거지?" 라며 웬만하면 아이를 다독여 주려고 한다.

이 참담한 비극은 갈수록 어려워지는 부모와 자녀 간의 소통에 대해 여러 가지 생각을 하게 한다. 내가 몸담고 있는 학회에서 아동과 청소년 인권 문제에 애쓰고 있는 강지원 변호사를 초청하여 세미나를 한 적이 있다. 한 참석자가 강 변호사에게 아동, 청소년 분야에 관심을 갖게 된 동기를 질문했다. 강 변호사는 과거 검사 시절 나이 열다섯에 불과한 한 소년의 조사를 맡은 적이 있다고 한다. 그 소년은 사고를 크게 치고 검사 앞에서 잔뜩 기가 죽은 상태였다. 강 변호사는 그날따라 호기심이 생겨서 엄격한 검사로서보다는 이웃집 아저씨처럼 소년에게 가족과 일상의 이야기들을 물었고 소년은 고분고분 대답을 하였다. 한참을 이야기 나누다가 갑자기 소년이 말을 멈추고 눈물을 뚝뚝 떨어뜨리는 것이었다. 왜 우는지를 묻자 그 소년은 "검사님, 제가 열다섯 살 되도록, 제 이야기를 이렇게 자상히 들어준 분은 검사님이 처음입니다"라며 울먹이면서 대답했다. 이 소년에게는 분명히 부모와 형제들이 있고 함께 문제를 일으킨 친구들이 있었다. 그러나 정작 자기 속내를 누구에게도 보여줄 사람이 없었다. 이 아이의 진짜 문제는 대화의 결핍이며 진실한 이야기를 나눌 가족이 없다는 사실, 이것이 오늘날의 강지원을 있게 했다는 이야기였다.

요즘은 더욱 이런 가정이 늘고 있다. 모두가 바쁘게 살다 보니 얼굴을 대하기조차 힘든 가정이 많다. 진실한 이야기는커녕 안부를 묻기에도 바쁘다. 소통이 제대로 이뤄지지 않으면서 문제가 불거지는 가정이 많다.

## 대화가 낳은 작은 기적

인간의 뇌가 가장 기쁨을 느낄 때는 다른 사람과 소통을 나눌 때라고 한다. 특히 상대방과 눈을 마주보면서 소통을 할 때 가장 큰 기쁨을 느낀다. 뇌가 기뻐한다는 것은 화학적으로 보면 뇌가 활성화되어 도파민이라는 물질을 방출하는 것을 뜻한다. 도파민이 분비되면 인간은 쾌락을 느낀다. 역으로, 인간이 불행을 느끼는 것은 소통이 단절되고 누구와도 눈을 마주치고 소통하지 못하는 경우이다. 하물며 가족 안에서조차 소통이 단절되면 이는 마음의 병까지 일으킨다.

놀이치료사인 아내는 모자원에서 아동상담 프로그램을 운영한다. 아내는 유뇨증*을 갖고 있는 민정이라는 예쁜 여자아이와 그 엄마를 상담한 일을 잊지 못한다. 민정이는 초등 2학년이었지만 밤낮으로 오줌을 못 가려서 기저귀를 차고 다녀야 했다. 몸에서 오줌 냄새가 난다고 친구들도 기피하여 늘 외로운 왕따였다. 아이는 엄마에게도 자주 혼나 언제나 시무룩하고 위축되어 있었다. 아이를 담당한 사회복지사의 부탁으로 아내는 민정이를 처음 만났다. 민정이가 다른 아이의 학원비를 훔쳐 주변 친구들에게 이것저것 학용품이며 소꿉놀이 장난감을 사주었던 모양이다. 이 일로 인해 민정이는 엄마에게 심하게 혼나고 있었다. 어려운 살림에 편모인 이 가정의 상황을 안타깝게 여긴 사회복지사가 아내에게 민정이 엄마의 상담을 간절하게 요청했다.

민정이 엄마는 미혼모였다. 흥분한 민정이 엄마는 어떻게 도둑질까지 하느냐고 아내를 붙들고 하소연을 하였다. 처녀 적에 남자에게 속아서 아이를 낳았는데 그 아이가 자신의 인생을 망치고 있다며 비통해했다. 흥분이 가라앉기를 기다려 아내가

---

\* 배설장애의 하나인 유뇨증enuresis은 보통 낮과 밤의 방광조절을 정상적으로 습득하는 연령인 4세를 넘어선 아동이 오줌을 싸는 경우를 말한다. 유뇨증에는 두 가지 형태가 있는데, 일차성 유뇨증은 원인이 불명인 경우가 많으나 태어날 때부터 오줌을 가리지 못하는 것이다. 이차성 유뇨증은 배뇨훈련을 마친 지 일 년이 지난 뒤 심리적인 요인(예: 스트레스)으로 다시 오줌을 못 가리게 되는 것이다. 전체 유뇨증의 80%가 야간성이며, 15% 정두가 주간성, 나머지 5% 정도가 주·야간성 유뇨증으로 알려져 있다.

엄마에게 다시 물어보았다. 정말 이 예쁜 아이가 어머니의 인생을 망쳤느냐고. 그러자 아이 엄마의 대답은 처음과는 달랐다.

"아니요. 그럴 리가요. 민정이 때문에 제가 살아갑니다. 아이가 아니었으면 저는 이미 이 세상 사람이 아니었을 거예요."

"그런데 그 말을 아이에게 해 본 적이 있나요?"

"아니요. 한 번도 한 적이 없는 것 같아요."

"어머니, 그러면 지금 민정이에게 방금 말씀하신 그대로 말해 주세요."

아내는 상담실 밖에서 기다리던 아이를 들어오게 하였다. 민정이 엄마는 아이를 지긋이 바라보더니 말을 꺼냈다.

"엄마는 너를 사랑해. 네가 없는 인생은 생각할 수도 없단다. 그동안 엄마가 심하게 말한 것은 너를 사랑해서 네가 잘되기를 바라서 그랬던 거야. 엄마가 그동안 심하게 말해서 미안해."

엄마는 더 이상 말을 잇지 못하고 딸을 부둥켜안고 울기 시작했다.

일주일 후 아내가 다시 아이를 만났을 때 민정이 모녀의 표정이 모처럼 밝았을 뿐만 아니라 놀랍게도 아이가 오랫동안 앓고 있던 유뇨증도 사라져 있었다.

소통의 변화는 가족 안에 놀라운 기적을 불러일으킨다. 진실한 대화는 상한 마음을 회복시키고 절대로 풀리지 않을 것 같던 문제까지 풀어 준다.

## 아버지의 눈물

나는 사춘기 시절 아버지와 관계가 좋지 않았다. 가족을 위해 최선을 다했던 아버지는 가부장적이면서 언제나 내게 무척 크고 엄한 존재였다. 자라는 동안 아버지와 한 번도 따뜻한 대화를 나눈 기억이 없다. 나는 아버지가 여동생만을 사랑한다고 여겼다. 그 무렵 나는 늘 우울한 아이였지만 여동생은 애교도 많고 쾌활해 주변에 친구들이 많았다. 당시 여동생은 아침마다 안방으로 출근을 하였다. 전날 아버지가 입었던 양복 주머니를 뒤져서 동전들을 수거해 용돈으로 썼다. 그건 여동생만의 특권이었다. 만일 내가 동생처럼 행동했다면 아버지에게 꾸지람을 호되게 들었을 것이다.

그렇게 집안에 있는 듯 없는 듯 고독한 아이로 힘겹게 사춘기를 보낸 뒤 대학에 들어가고 다시 쏜살같이 시간이 흘러 2학년을 마치자 군 입대 소집 통지서가 날아왔다. 입영하는 날 아침 유행가 가사처럼 짧게 밀어 버린 머리를 어색하게 쓰다듬

부모와 자녀 사이에 깨어진 소통을 회복하기 위한
첫걸음은 경청이다. 내 생각을 잘 전하는 것이 아니라
상대방의 이야기를 듣는 것이 소통의 출발이다.
평소 얼마나 자녀의 말에 귀를 기울였는지
곰곰이 생각해 보자. 과연 자녀가 이야기할 때
하던 일을 멈추고 눈을 바라본 적이 있는가.
쓸데없는 말을 한다고 묵살하지는 않았는가.
언제나 내 말을 하려고, 내 생각을 전하려고 하지는 않았는가.
아이를 위한다는 명목으로 훈계하고 소리치지 않았는가.
아이들에게는 훈계하는 부모보다
경청하고 성찰하는 부모가 필요하다.

으며 입영 열차에 몸을 실었다. 창가에 자리를 잡고 앉으니 저만치에 배웅 나온 가족들이 보였다. 기차가 서서히 출발하면서 가족들 얼굴이 가까이 다가왔다. 먼저 어머니와 여동생이 눈에 들어왔는데 어머니와 여동생은 매우 홀가분한 표정이었다. 제대하고서 듣자 하니 어머니와 여동생은 내가 군대에 가 있던 그 시절이 황금기였다고 하였다. 그만큼 과묵하고 우울한 분위기의 나는 우리 가정에서 결코 편한 존재가 아니었던 것이다. 이제 마지막으로 맨 끝에 서 계시던 아버지가 보였다. 그런데 아버지의 모습이 내게는 큰 충격이었다. 아버지가 눈물을 흘리고 계셨던 것이다. 그것도 감정을 주체하지 못하여 두 어깨가 들썩일 정도로 크게 흐느끼며 울고 계셨다.

나는 예상하지 못한 아버지의 모습에 놀랐다. 아버지가 떠나는 아들을 보며 울 거라고는 생각하지 못했다. 한 번도 겉으로 표현한 적 없지만 아버지가 나를 많이 사랑했다는 사실을 그때 처음 알았다. 아버지는 강한 분으로 평생 눈물을 보이지 않았다. 전형적인 한국의 아버지들처럼 당신의 감정을 자식에게 표현할 줄도 몰랐다. 특히 아들인 내게는. 아버지는 나를 아들로서 좀 더 강하게 키우고 싶었던 것이다. 그러나 그 아들이 얼마나 아버지의 사랑을 갈구했으며 아버지의 따뜻한 말 한마

디를 원했는지는 모르셨다. 내가 어린 시절 겪은 아픔은 사랑의 문제가 아니다. 아버지는 내가 어린아이였을 때나 힘들게 지낸 사춘기 시절에도 여전히 나를 사랑하셨다. 하지만 나는 너무나 오랫동안 아버지가 나를 사랑한다는 사실을 깨닫지 못했다. 한 번도 표현하지 않으셨기 때문이다. 내가 경험한 아픔은 사랑과 애정의 결핍이 아닌 소통의 문제였다. 나의 상처는 우리나라 가정에서 보편적으로 겪는 문제일 것이다. 그런 이들에게 나는 사랑은 마음으로 전해지는 것이 아니라 대화와 포옹을 통해 전달된다는 사실을 분명히 말하고 싶다.

부모와 자녀 사이에 깨어진 소통을 회복하기 위한 첫걸음은 경청이다. 내 생각을 잘 전하는 것이 아니라 상대방의 이야기를 듣는 것이 소통의 출발이다. 평소 얼마나 자녀의 말에 귀를 기울였는지 곰곰이 되짚어 보자. 과연 자녀가 이야기할 때 하던 일을 멈추고 눈을 바라본 적이 있는가. 쓸데없는 말을 한다고 묵살하지는 않았는가. 언제나 내 말을 하려고, 내 생각을 전하려고 하지는 않았는가. 아이를 위한다는 명목으로 훈계하고 소리치고 아이의 감정을 무시하지는 않았는가. 아이들에게는 훈계하는 부모보다 경청하고 성찰하는 부모가 필요하다는 말을 새겨들을 필요가 있다.

다음으로 진실한 소통은 자신의 감정에 솔직한 것이다. 자신이 느낀 감정을 그대로 왜곡하지 말고 표현하는 것이 중요하다. 내가 사랑한다는 것을, 화가 났다는 것을, 부끄럽다는 것을, 외롭다는 것을, 힘들다는 것을 다른 부정적인 감정으로 덧칠하지 않고 있는 그대로 표현하는 것을 말한다. 민정이 엄마가 아이에게 진실한 감정을 드러냈듯이 내 감정을 가감 없이 전하는 것이 진실한 소통이다.

만일 아버지가 사춘기 시절 내 어깨에 손을 얹고서 "아들아 많이 힘들지, 아빠는 너를 믿고 사랑한다"라고 속마음을 표현하셨다면? 아마도 내 인생은 많이 달라졌을 것 같다. 지금보다 훨씬 좋은 방향으로.

# 23장
# 항상
# 진실을 말하는 것이
# 중요하다

서울의 아들 집에 다니러 온 할머니가 손주를 앉혀 놓고 웃는 얼굴로 묻는다. "할머니, 너희 집에 더 머무르면 싫지? 빨리 갔으면 좋겠지?" 사실 이렇게 묻는 사람이 기대하는 말은 "아니야, 난 할머니가 있어서 좋아. 할머니 가지 말고 여기서 같이 살아"이다. 아직 어린 손자는 이 상황에서 혼란에 빠진다. 밝게 웃는 할머니의 표정은 자신의 말에 수긍하라는 뜻이다. 그런데 질문에 대한 대답은 할머니의 말을 부정하는 것이다. 다소 어렵게 표현하자면 비언어적인 소통(표정)은 긍정적인데 언어적 소통은 부정을 요구하는 상황이다. 이런 사례는 비일비재하다.

아버지가 일찍 돌아가시고 모녀만 사는 집안에서 직장을 다니는 딸이 퇴근해서 집에 돌아온 시간의 풍경이다. 엄마는 일을 마치고 온 딸에게 말한다.

"애야, 내가 저녁을 준비할게. 너는 좀 쉬어라."

"아냐 엄마, 나 피곤하지 않아요. 제가 할게요."

"아니다. 직장 일이라는 게 좀 신경 쓰이니. 텔레비전이라도
보고 있어라."

그렇게 대화가 오고 가다 엄마는 저녁을 준비하고 딸은 텔
레비전을 보았다. 시간이 지나 엄마가 준비한 식탁에 마주 앉
는다. 그런데 식사가 끝나갈 무렵 엄마는 작게 혼잣말을 한다.
예기치 않은 엄마의 푸념이 딸의 가슴을 후벼 판다.

"에고, 내 팔자야. 내가 이 나이가 되도록 언제까지 집안일
을 해야 하니! 아이고 나도 참 지지리 복도 없지."

"……."

엄마는 자신도 모르게 나온 말로 딸의 마음을 상하게 만들
었다. 늦게 퇴근한 딸이 안쓰러운 엄마는 저녁이라도 따뜻하게
만들어 주고 싶었다. 그러나 막상 나이든 몸으로 음식을 만들
고 나니 다리도 저리고 어깨도 결린 것이다. 언제까지 혼기 놓
친 딸의 뒤치다꺼리를 해야 할지 한숨이 절로 나온 것이다. 엄
마가 해 준다고 해서 쉬고 있던 딸은 날벼락을 맞은 셈이다. 이

사례처럼 한 대상에 대해 애정과 증오, 독립과 의존, 존경과 경멸 등 상반되는 감정을 동시에 갖는 양가감정이 드러나는 소통을 이중메시지 또는 이중구속double bind이라고 한다.

## 양가감정이 드러나는 소통

영국 출신 과학자로 의사소통 이론에 커다란 업적을 남겨 가족상담의 선구자 역할을 하기도 한 그레고리 베이트슨Gregory Bateson을 연구하면서 가족의 혼란된 소통방식이 정신분열증을 발생시키는 한 원인이 된다는 것을 알게 되었다. 대화를 할 때 상대방에게 보내는 메시지는 보통 한 개여야 하는데 두 개 이상, 그것도 상반된 메시지를 보내면 상대방은 혼란에 빠지게 되고 더 나아가 정신분열증까지 유발할 수 있음을 규명한 것이다.

예를 들어, 엄마가 아들에게 "철수야 엄마가 하지 말라고 한 것 신경 안 써도 돼!"라고 말한다면 어린 철수는 혼란에 빠질 것이다. 어린아이에게 하지 말라는 것은 금지이고 규제이다. 아이는 엄마의 말투, 보상과 징벌을 통해 이 사실을 어렵게 배운 것인데 뒤에 이어지는 '지금은 해도 된다'는 말은 또 무슨 의미인지 고민에 빠진다. 엄마와 언어를 통한 소통에서 그 의미

를 파악하기 어려워진 철수는 엄마의 눈치를 지나치게 살피게
되며 이것은 철수에게 불안을 심어 준다. 이런 일이 반복되면
철수는 엄마와의 대화 속에서 엄마가 보내는 메시지를 파악하
기 위해 늘 전전긍긍한다. 감정적으로 대단히 불안해진 철수가
만일 외부에서 강한 스트레스를 받으면 상황은 극히 악화된다.
이는 정신분열증으로 향하는 고속도로이다.

　　베이트슨이 이중구속 이론을 발견한 계기는 정신분열에 걸
린 한 청년을 면밀히 관찰하면서였다. 상태가 다소 호전된 한
성신분열 환자를 만나러 어머니가 찾아왔을 때였다. 환자는 어
머니를 알아보고 기뻐서 달려 나가 포옹하려고 두 팔을 벌렸는
데, 그 순간 어머니는 움찔 몸을 피했다. 당황한 환자는 어떻게
행동해야 할지 모르고 서 있었는데, 어머니의 이어지는 말이 아
들을 더욱 혼란스럽게 했다. "아들아 너는 엄마를 사랑하지 않
는 거니? 왜 거기 그렇게 우두커니 서 있는 거니?" 엄마가 과연
자기를 사랑하는지 아니면 거절하는지 분명하지 않은 혼란스
런 메시지를 경험한 아들이 이후 정신분열 상태가 다시 급속히
악화되는 것을 베이트슨은 관찰하였다.

　　베이트슨은 이중구속을 설명하기 위해 동양의 선불교를 예
로 든다. 선사가 깨달음을 주기 위해 지팡이를 제자의 머리 위

에다 올리고 말한다. "네 머리 위에 지팡이가 있느냐. 지팡이가 실제로 있다고 말하면 때릴 것이고, 없다고 해도 때릴 것이다. 그리고 말을 하지 않아도 때릴 것이다." 여기서 제자는 이럴 수도 없고 저럴 수도 없다. 이것이 바로 이중구속의 상황이다. 문제 가족은 언제나 자녀들을 이런 상황에 빠뜨린다. 선문답에서라면 제자는 스승의 지팡이를 빼앗아 오히려 스승을 한 대 후려치거나 또는 전혀 다르게 대답해서 스승에게 인정을 받을 수도 있다. 불교에서 말하는 깨달음에 닿기 위해서는 이처럼 엉뚱해 보이는 발상과 역발상이 모두 중요한 수행 방식이기 때문일 것이다. 그러나 우리의 가정은 이런 종교 수행을 하는 곳이 아니다. 문제 가족의 이중구속 상황에는 아무런 해답이나 피해 갈 우회로가 없다.

소통을 어렵게 하는 이중구속은 우리 일상생활에서 흔히 발견된다. 한국에 돌아온 초창기에 나는 대학에 자리를 잡기 위해 대학생 과외보다도 수입이 형편없다는 힘겨운 시간강사 생활을 해야 했다. 늘 주머니 사정은 안 좋았고 당연히 가난할 수밖에 없는 유학 시절보다 어떤 면에서는 더 힘든 시간이었다. 어느 날 모처럼 어머니를 모시고 좀 비싼 식당에서 식사 대접을 하려고 했다. 고급스러운 식당 분위기를 보고 어머니는 "네가 돈도 없을 텐데, 이렇게 비싼 곳에 가냐"라며 완강하게 거절을 하셨다. 어머니의 고집을 꺾지 못한 나는 할 수 없다고 생각하고 다시 집에 돌아와 대충 있는 반찬을 꺼내 어머니와 식사를 하였다. 그런데 식사를 하는 도중 어머니의 표정이 내내 밝지 않아 이상했는데 아니나 다를까 며칠 후 여동생에게 전화를 받고서야 그 이유를 알았다. 어머니는 처음에 식사를 하려던 식당이 마음에 들었지만 아들의 뻔한 주머니 사정을 생각해 한 번 사양해 본 것뿐인데 아들은 몇 번 더 권하지도 않고 집으로 돌아와 서운했던 것이다. 이런 일은 체면을 중시하는 우리 문화와 어우러져 일상에서 자주 일어난다. 소소하지만 이 역시 일종의 이중구속이다.

## 자기 감정을 인정하는 용기

왜 이런 답답한 일이 일어날까? 자신의 감정을 솔직하게 표현하는 법을 배우지 못했기 때문이다. 진솔한 표현은 다른 사람의 마음을 움직인다. 그래서 친밀한 관계일수록 마음을 솔직하게 드러낼 수 있고 그러하기에 그 관계는 더욱 친밀감이 쌓인다. 하지만 대부분의 한국인들은 자기 감정에 솔직하지 못하다. 특히 부모나 다른 사람의 기대에 자신을 맞추는 것을 당연하게 여기며 성장한 사람일수록 세상을 있는 그대로 인식하고 자신을 자연스럽게 표출하는 데 어려움을 갖는다. 어렸을 때 솔직하게 자신의 감정을 표현했는데 이기적이라는 경고를 받거나 아직 어려서 모른다며 무시당하거나 배척당하는 경우가 심심찮게 일어나면 솔직한 표현을 거부하고 회피하며 마음과 달리 인위적이고 과장된 표현을 자주 사용하게 된다. 이런 행동은 모두 내면에 있는 불안을 다른 사람에게 숨기기 위한 것이다. 여기서 자기의 속마음과 겉으로 표현되는 것 사이에 차이가 발생한다. 이것은 상대방으로 하여금 혼란과 분노를 유발할 수 있다.

둘째 딸의 일탈행동 때문에 40대 후반의 하 씨가 찾아왔다. 집안의 모든 걱정거리의 원인이 둘째 딸이었다. 딸만 둘인 하 씨 집에서 큰아이는 공부도 잘하고 착해서 신경 쓸 일이 별로 없었다. 그런데 둘째는 청소년 시절부터 가출을 시도하였고 늘 엄마와 언니에게 반항하고 대들기 일쑤였다. 공부에도 관심이 없고 삐딱하게 행동하는 둘째가 미울 때도 많았다. 그러나 하 씨는 큰아이에게 정이 더 가면서도 둘째가 토라질까 봐 오히려

4부
행복한 가족의 비밀

언니보다 더 신경을 쓰며 키웠다. 그런데도 이런 마음을 전혀 헤아려 주지 않아 더욱 섭섭해했다.

"왜 첫째가 더 예쁘던가요?"

"애기 때부터 큰애는 그렇게 유순할 수가 없었어요. 자라면서도 그 기질이 그대로 가더군요. 엄마 아빠가 걱정할 일이 없게 해 주니 얼마나 예뻐요."

하 씨가 큰딸을 대할 때, 비록 해 주는 것이 없더라도 자연스럽게 사랑스러운 마음이 전해졌을 것임이 어렵지 않게 짐작되었다. 나는 계속 질문을 이어갔다.

"그럼에도 불구하고, 둘째에게 어떻게 더 배려를 하셨다는 건지 좀 더 자세히 말해 주세요."

"둘째는 어릴 때부터 까다롭고 손이 많이 가는 아이였어요. 언니에 대한 질투심도 많고 이기적인 성향도 강했지요. 하지만 둘째가 언니만 예뻐한다는 생각을 갖지 않게 하려고 노력을 많이 했어요. 큰애는 잘못하면 엄하게 혼냈지만 둘째한테는 그러지도 않았죠. 둘이 있을 때면 '엄마가 널 얼마나 사랑하는 줄 아느냐'는 말도 자주 해 주었고요."

전형적인 이중구속 상황이었다. 둘째가 어렸을 때는 엄마 아빠가 언니보다 자신을 더 사랑한다고 믿었을 것이다. 그러나 사춘기가 되면서 사실은 부모의 애정이 언니에게 기울어 있음을 짐작하기란 어렵지 않은 일. 결국 둘째 딸은 엄마의 이중성을 접하면서 처음에는 혼란스럽고 실망했을 것이며 이것이 분노와 우울증까지 유발하게 한 것이다. 둘째 딸이 진짜 힘들었던 것은 엄마가 언니를 더 사랑한다는 사실보다 엄마가 자신에게 보인 이중적 태도였다.

진솔하지 못한 표현이 꾸지람보다 오히려 더 큰 상처를 남길 수 있음을 보여 주는 사례다. 이중구속에서 벗어나 자신의 감정을 솔직하게 표현하려면 가장 먼저 자기 감정을 인정하는 용기가 필요하다. 이 용기는 자신의 내면 상태에 대한 긍정에서 출발한다. 하 씨의 경우에도 설령 둘째 딸이 언니와 비교해서 못난 부분이 있다 해도 자식으로서 예쁘고 사랑스러운 마음은 같았을 것이다. 혼낼 때 혼내고 "너 그렇게 행동하면 엄마가 속상해"라고 말하면서 부정적인 행동에 대해서 엄마의 마음을 솔직하게 표현했다면 상황이 악화되는 것은 피할 수 있었을 것이다.

# 24장

# 사랑을 주고받는
# 관계 통장

결혼 초 한 새댁이 시어머니와 남편에게 깊은 상처를 받았다. 그녀는 정확히 3년 7개월 전이라며 날짜까지 세고 있었다. 그날 사건은 이러했다. 신혼 초 손님들을 초대한 자리에서 음식이 모자라자 시어머니가 며느리를 센스 없다고 탓한 게 발단이었다. 정작 부인 입장에서 더 미운 사람은 남편이었다. 남편은 아내를 감싸 주기는커녕 "저 여자가 원래 좀 둔해요. 몰랐어요?"라며 시어머니를 거들었다. 이때 받은 모멸감은 시간이 지나도 잊히지 않았다. 이 일로 상처를 입은 사람은 새댁 한 사람뿐일까?

사실 그날 이후 그녀 못지않게 힘든 사람은 남편이었다. 남편은 아내로부터 어리석고, 아무 생각 없는 사람으로 매일 무시당하며 살고 있다. 연애 시절 고분고분하기만 하던 아내가 왜 이렇게 변했는지 남편은 도대체 짐작도 할 수 없었다. 더구나 아무 생각 없이 어머니를 두둔한 그 한 마디 때문이라고는 짐작할 수 없었다.

부부관계에는 한 가지 원칙이 있는데 받은 것은 반드시 되돌려 주려고 한다는 것이다. 남편이 서운하게 행동하면 그 순간은 참는다. 그러나 다음 기회에 쌓인 감정을 표현할 수 있을 때 전에 받은 상처와 서운한 감정을 덧씌워 되갚는다. 의식적으로 "그래, 당신 나에게 그렇게 했지, 두고 봐!"라고 복수를 다짐하는 것은 아니지만, 한번 손상당한 감정은 가슴속에 잠복해 있다가 언젠가 반드시 상대에게 되돌려 주려는 성향을 갖는다.

그런데 흥미로운 사실은 상대에게 상처를 받았을 때 복수심리가 생기는 것은 당연하지만 대개 큰 위기는 이보다는 긍정적으로 받은 것을 돌려주지 않을 때 찾아온다는 것이다.

## 부부 사이의 관계 통장

보스조르메니 나지는 결혼한 부부 간에는 눈에 보이지 않는 '관계 통장'이 존재한다는 독특한 이론을 펼쳤다. 관계 통장에 잔고가 얼마나 있는가에 따라 두 사람의 관계는 사랑스런 닭살

커플이 되기도 하고, 아니면 '원수가 따로 없는' 사이로 변하기도 한다. 은행 통장과 마찬가지로 관계 통장에도 입금과 출금이 있다. 입금에 해당하는 행동은 상대에 대한 조그마한 배려에서부터 깊은 사랑에 이르기까지 다양하다. 출금에는 사소한 화풀이에서부터 잔소리, 폭력, 경멸 등이 있다. 입금이 쌓일수록 통장 잔고는 넉넉해지고 출금이 잦아지면 잔고가 줄어들다가 마이너스로 변한다.

관계 통장에 잔고를 많이 쌓아 두려면 무엇보다 두 사람 사이에 주고받음이 공평해야 한다. 주고받음이 공평하게 유지되면 둘 사이에는 신뢰가 쌓이고 어떤 위기에도 함께 이겨 낼 수 있는 사랑이 생긴다.

이제 부부 간에 어떻게 주고받음이 이루어지는지 살펴보자.

먼저 선순환 사례를 보자. 남편이 한 달 동안 성실하게 일해서 월급을 받아 왔다. 이때 남편은 아내에게 주고give 아내는 받은take 것이 된다. 힘들게 돈을 벌어온 남편이 고마워서 아내는 다음 날 아침 평상시보다 일찍 일어나서 남편이 좋아하는 음식을 준비하였다. 이제 아내는 다시 남편에게 받은 것을 돌려주었고 남편은 받았다. 이렇게 주고받음이 상호작용으로 이루어질 때 관계 통장에는 잔고가 지속적으로 쌓인다. 남편이 식사를 하면서 일찍 일어나서 수고한 아내의 등이라도 두드려 주면 다시 남편은 관계 통장에 입금을 한 것이고 사랑을 돌려받은 아내는 또 남편을 위해 무엇을 할 것인지 행복한 고민을 한다. 이런 부부는 충만한 사랑과 행복감을 느낄 수 있다.

반면 악순환의 경우를 보면 선순환과 차이는 간단하다. 남편이 식탁에 앉아 식사를 하고 있다. 아내는 모처럼 일찍 일어나 솜씨를 발휘한 음식에 대해 아무런 말이 없는 남편이 답답해서 한마디 물어본다. "여보, 음식이 입에 맞아요?" 그런데 돌아오는 대답이 심드렁하다. "맞기는 뭘, 그냥 먹는 거지!" 아침 시간이 썰렁해진다. 주고받음의 균형이 깨지는 순간이다. 아내는 남편에게 받은 것을 돌려주었고, 이번엔 남편이 아내에게 받은 것을 돌려줄 차례였지만 이 순환이 깨지면서 서로에 대한 미운 마음들이 연달아 똬리를 튼다. 이것이 부부관계를 해치는 근본 원인이다.

공평하게 주고받아 관계 통장에 잔고를 많이 쌓은 부부는 어떤 위기가 오더라도 견딜 수 있는 힘이 생긴다. 반면에 관계 통장에 잔고가 얼마 없고 마이너스 상태로 살아가는 부부는 카드 돌려막기 식으로 힘들게 버티다가 조그만 위기나 스트레스 앞에서도 모래성처럼 와르르 무너질 수 있다.

## 사랑이 일방통행 되면
## 관계는 깨어진다

대인관계, 연인관계, 부부관계에서는 주고받음이 공평하게 유지되어야 서로 만족감을 갖는다. 아무리 사랑하는 관계라고 하더라도 공짜는 없다. 내가 상대에게 주는 만큼 받는 것도 있어야 그 관계가 유지되고 사랑과 신뢰를 쌓아 나갈 수 있다.

겉으로 봤을 때는 부부의 주고받음이 공평하게 들어맞지 않는 것처럼 보이지만 관계 통장을 잘 유지하는 부부가 있다. 부부가 함께 맞벌이를 하는데 전문직인 아내 쪽이 수입이 더 낫다. 저녁 때 집에 불이 나가면 아내는 먼저 달려가서 거푸집을 확인하고 수리를 한다. 이때 남편은 고칠 생각을 하지 않고 아이들과 신나게 숨바꼭질 놀이를 한다. 이런 부부를 보면 남편이 아내보다 역할이 적어 공평함이 깨진 것처럼 보인다. 그러나 남편은 아내가 아이들에게 해 주지 못하는 부분을 채워 준다. 아내보다 아이들과 잘 놀아 주고 가끔씩 아내가 좋아할 만한 근사한 식당에 데리고 가서 한껏 분위기를 잡고 식사를 한다. 아내가 주고받음 속에서 손해 본다고 느끼는 점이 반드시 그에 상응하는 대가로 채워져야 하는 것은 아니다. 이것은 남편의 작은

277

배려와 관심을 통해서도 만회될 수 있다.

그러나 어느 한쪽이 오랫동안 주기만 하고 받는 것이 없다고 느끼면 이용당한다는 기분이 들고, 상대방의 노예가 된 듯한 느낌, 텅 비고 고갈된 느낌이 쌓여 불만이 생긴다. 반대로 받기만 하고 주는 것이 없다는 생각을 하는 순간부터 그 사람은 죄책감과 빚진 기분에 시달린다. 둘 사이에 주고받음의 공평함이 깨지면 한쪽은 억울하다고 느끼고, 다른 한쪽은 빚진 기분이 된다.

대학에서 만난 두 남녀는 서로를 사랑하게 되었다. 시골에서 올라와 자취 생활을 하고 있는 남자는 가정 형편이 넉넉하지 않았다. 여자는 아르바이트를 해서 번 돈을 남자에게 주기도 하고 시간이 날 때마다 남자의 자취방에 가서 빨래와 청소를 해주면서 사랑하는 남자에게 많은 것을 아낌없이 베풀었다.

대학을 졸업한 뒤에도 여자가 먼저 취직이 되었다. 남자는 취업이 되지 않자 대학원에 진학하여 사회 진출을 위한 숨고르기를 하였다. 여자는 남자가 대학원에 다니는 동안 학비를 대고 헌신적으로 지원하였다. 드디어 오랜 기다림이 끝나고 남자가 대학원을 졸업하고 회사에 취업을 하였다. 여자는 이제 고

생스러운 시간이 끝나고 결혼해서 행복한 가정을 꾸릴 수 있게 되었다며 기뻐했다. 그러나 얼마 후 여자는 남자로부터 그만 헤어지자는 충격적인 통보를 받았다. 남자의 말을 도저히 받아들일 수 없어 몇 번이나 그 말을 되뇌었다. 대학에서 만나 서로 사랑을 가꾸고, 지금까지 남자가 자립할 수 있게 헌신적으로 도운 결과가 이별이라니 여자는 믿기지 않았고 어디서부터 무엇이 잘못된 것인지 알 수 없어 공황 상태에 빠졌다. 그렇다고 남자에게 다른 여자가 생긴 것도 아니었다.

남자는 시간이 흐를수록 마음이 무거웠다. 여자 친구에게 늘 받기만 하는 관계였기에 마음의 빚 때문에 여자 친구 보기가 힘들어졌다. 그녀 앞에만 가면 빚진 기분에 시달려야 했다. 남자가 원하는 것은 아무런 정신적 채무 관계가 없는 동등한 남녀관계였다. 그는 자신을 오래 믿고 지원해 준 여자 친구에게 고마웠지만 한편으로는 늘 부채의식이 따라다녀 괴로웠던 것이다. 부채의식에서 벗어나고 싶은 것이 그의 마음이었다.

사람의 관계란 묘한 것이어서 한쪽이 지나치게 주기만 해도 위태로워질 수 있다. 받기만 한 쪽은 고마움은 알지만, 관계를 청산함으로써 마음의 부담을 털어내고픈 유혹에 시달린다. 따라서 진정으로 상대방을 사랑한다면 내가 가진 모든 것을 상대에게 주어서는 안 된다. 사랑에도 요령이 있다는 것은 이럴 때를 두고 하는 말이다. 사랑하는 이에게 조건 없이, 아낌없이 베풀어 주되 상대가 부담을 갖지 않고 다시 내게 돌려줄 수 있는 범위를 생각하는 현명함이 필요하다.

# 25장

# 가족과
# 감정적
# 거리 두기

독일에서 유학할 때 부부싸움을 특이하게 하는 한국 유학생 부부를 보았다. 부부싸움을 하다가 각자 자기 방에 들어가 이불을 뒤집어쓰고 누웠다. 그렇게 부부는 각자의 공간에서 묵언시위를 하듯 버텼다. 이런 경우 먼저 방문을 열고 나오는 쪽이 싸움에서 지는 것이다. 이들의 행동을 보면서 어지간히 자존심도 세고 고집도 강한 부부라고만 생각했다. 그런데 그들의 부부싸움이 비극으로 끝날 줄이야.

어느 날 또 다투게 된 부부는 늘 그랬듯 서로의 방에서 두문불출하며 싸움을 계속하였다. 마침 부인은 임신 상태였다. 꼬박 하루 넘게 있는 대로 스트레스를 받으며 물 한 모금 마시지 않고 대치하는 와중에 갑자기 하혈을 시작했다. 놀라 병원으로 향했지만 그만 아이를 사산하고 말았다. 이 일은 부부에게 씻을 수 없는 상처를 남겼다. 결국 그들이 견디지 못하고 헤어지는 과정을 지켜보면서 정말 안타까워했던 기억이 있다. 왜 이 부부는 이렇게까지 서로에게 상처를 주게 되었을까. 부부싸움 자체가 문제라기보다는 싸우는 방식이 문제였다.

힘든 결혼생활과 잘못된 싸움 방식을 가진 부부들에게는 일정한 공통점이 있다. 바로 자아분화가 발달하지 못했다는 점이다. 정신분석적 개념인 자아분화는 자녀가 얼마나 엄마로부터 분리와 독립을 할 수 있는가를 의미한다. 아장아장 걷기 시작한 한 아이가 거울에 비친 자기 얼굴을 유심히 살피는 것은 자아분화의 시작이다. 자기를 본다는 것은 아이가 이제 엄마로부터 자기를 독립적인 존재로 여기기 시작했음을 의미한다.

자아분화가 발달한 사람은 감정을 이성적으로 잘 통제하고 조절한다. 가족은 감정의 덩어리다. 가족 구성원들은 가족 밖에서보다 가족 안에서 더 감정 반사적으로 행동한다. 자신도 모르게 아이에게 화를 내고, 이유도 없이 아내와 남편에게 분노를 느끼는 경우가 생기는 것도 그 때문이다. 가정을 떠나 직장이나 학교 등에서 만나는 인간관계라면 설령 분노의 감정을 느껴도 직접적으로 표출하지 못한다. 그런 이유로 살아가면서 상처를 가장 많이 받는 곳 또한 가정이다. 사랑의 둥지인 가정 안에서 큰 상처를 입는다. 가족 간 감정 반사적인 행동이 자주 일어나기에 이런 감정으로부터 자신을 분리시키는 것이 필요하다.

자아분화는 감정, 특히 그 중에서 불안을 통제하고 조정하는 능력과 밀접한 관계를 이룬다. 가족은 복합적인 감정으로 얽혀 있기 때문에 가족 안에서 서로 상처를 주지 않으려면 먼저 자신의 지적 능력, 즉 이성의 힘을 사용해야 한다. 이성의 힘을 적절하게 사용하는 것이 자아분화 능력이다. 가족에게 불안이 엄습했을 때 자아분화가 충분히 발달하지 않은 가족 구성원들은 불안에 적절하게 대처하지 못하고 과잉 행동으로 더 큰 어려움에 처할 수 있다. 반면 자아분화가 잘 이뤄진 가족은 불안한 감정을 이성적으로 대응하여 위기를 극복하는 힘을 지닌다.

## 정서적으로 건강한 사람
## vs. 건강하지 못한 사람

정서적으로 건강한 사람과 그렇지 못한 사람의 차이는 누가 더 스트레스를 받지 않는가보다는 스트레스를 얼마나 잘 다루는가에 있다. 정서적으로 건강한 사람은 스트레스를 적게 받는 사람이 아니다. 다만 스트레스와 불안을 건강하게 해소하는 사람이다. 스트레스를 스스로 잘 해결하지 못하고 불안에 쉽게 넘어가는 사람은 자아분화가 낮은 사람이다. 반면 스트레스에 잘 대응하고 엄습해 오는 불안을 잘 통제할 수 있는 사람은 자아분화가 높은 사람이다.

결국 자아분화라는 것은 외부 환경이 아닌 자기 내면 상태이다. 똑같은 위기 상황에 처해 있다고 해도 자아분화가 어떠한가에 따라 반응과 대응 방식이 다르며 그 결과도 달라진다. 예를 들어 보자.

우연히 길에서 전화를 받고 있는 선배를 본 후배가 반갑게 다가가 아는 척을 하지만 선배는 전화에 열중해서 모르는 척 지나쳐 갔다. 당연히 후배로서는 마음이 상하는 상황이다. 이때 후배의 자아분화 정도에 따라 대응 방식은 판이하게 달라진다.

먼저 자아분화 상태가 낮은 후배이다. 그는 자신이 무시당했다고 느끼고 선배에게 화를 낸다. 마음이 상한 것은 무조건 상대방 탓이라 생각한다. 이런 마음으로 후배가 공격적인 자세를 취하기 때문에 영문도 모르는 선배와 갈등을 빚는다.

자아분화가 중간 정도인 경우 똑같은 상황에서 후배는 마음이 상한 것을 선배 탓을 하기보다는 자신에게 돌린다. 무언가 자신이 잘못해서 선배가 외면했다고 생각하여 전전긍긍한다.

이런 유형은 선배에게 가서 자신이 무언가 잘못한 것이 있다면 용서를 해 달라고 말한다. 첫 번째 경우와는 달리 갈등이 일어나지는 않지만 역시 불편한 상황이 연출된다.

자아분화가 높은 경우는 어떨까. 후배는 선배에게 화를 내지도 않고, 자신에게 잘못이 있을까 봐 불안해하지도 않는다. 인사를 무시하고 선배가 지나쳐 버린 상황에 마음이 상하는 것은 다를 바 없지만 대처하는 방식에서 차이가 난다. 후배는 선배에게 다가가서 조금 전에 자신이 아는 척을 했다고 자연스럽게 말한다.

"선배, 인사를 해도 못 알아보고 무슨 통화를 그리 열심히 하는 거예요?"

여기에는 네 탓 또는 내 탓이라는 책임 추궁은 없다. 상황을 있는 그대로 표현할 뿐이다. "아, 내가 통화중에 누군가 아는 척 했던 것 같은데 바로 너였구나!"

이 정도로 선배가 미안함을 표시함으로써 피차 아무런 불편함 없이 문제가 해결된다.

세 가지 경우 모두 상황은 동일했다. 자아분화가 낮은 사람은 자기는 상대방 때문에 어쩔 수 없이 화를 냈노라고 남을 탓한다. 그러나 스스로에게 다른 선택의 가능성이 있었다는 점을 결코 이해하지 못한다.

자아분화가 높은 사람은 사고와 감정이 균형을 이룬다. 즉 각적으로 흥분하고 화를 내기보다 감정적 충동을 이길 수 있는 자제력과 객관성을 가지고 행동한다. 일상생활 속에서 많은 위기와 스트레스를 경험하지만 안정된 정서 속에서 문제를 해결하고 자신에게나 타인에게 상처를 주지 않고 건강한 가족관계를 형성한다. 자아분화가 잘 된 사람들이 만나 부부가 되었을 경우 스트레스와 위기 상황에서 배우자나 자녀에게 화를 내거나 신경질을 부리지 않고 술이나 일 등에 의존하지 않는다. 다른 가족에게 자신의 스트레스를 떠넘기지 않고 건강한 방식으로 마음을 가라앉히거나 해소한다. 삶의 위기와 그로 인해 발생하는 불안에 덜 휘둘리며 행복한 가족관계를 만들어 나갈 수 있다.

그러나 자아분화가 발달되지 않은 사람은 주로 감정적으로 반응하며 위기에 직면했을 때 충동적으로 행동한다. 쉽게 화를 내거나 실망한 감정을 있는 그대로 드러낸다. 또는 다른 사람이 보여 주는 반응에 지나치게 신경 쓰거나 다른 사람에게 의존적이거나 반항한다. 불안을 느끼면 느낄수록 더욱 충동적이다. 비록 서로 깊이 사랑해서 결혼하였지만 날마다 일어나는 스트레스와 위기 상황 속에서 적절하게 대처를 못하고 서로에게 상처를 주고 힘든 결혼생활을 할 수 있다.

## 자아분화가 낮은 부부

보웬은 자아분화가 낮은 부부는 스트레스에 대처하는 능력이 떨어져서, 여기서 야기된 불안을 감당하지 못해 부부 사이의 어려움이 더욱 증폭된다고 말한다. 부부 간에 갈등이 일어나면 이를 적절하게 대처할 수 있는 힘이 없기에 부부 갈등으로 인한 긴장과 불안으로 부부는 점차 거리감을 느끼게 된다. 부부 사이에 거리감이 심하게 느껴져 어느 때는 과도하게 가까워지려고 애쓴다. 부부 사이에는 거리감과 과잉 친밀 관계가 반복적으로 일어난다. 부부는 매사 싸우고 부딪치면서 지나친 다툼, 만성적인 긴장을 일으키며 서로에 대해 부정적이고 멸시적인 태도를 갖기 쉽다. 주변에 결혼을 후회하는 부부를 보면 쉽게 이해할 수 있다. 긴장과 갈등이 계속되다 보면 부부 사이의 거리를 좁힐 수 없다는 무력감과 함께 만성적인 두통, 우울증이 생길 수도 있다. 병약해서 늘상 병원을 들락거리거나 침대 위에 누워 지내는 아내 유형이 만들어진다. 아내의 병은 불행한 결혼생활이 주는 불안과 스트레스에 따른 신체 증상인 것이다.

만성적인 부부 갈등 속에서 불안과 두려움을 느끼는 엄마들은 대개 자녀에게 집착한다. 불안감이 심해 자녀를 과보호하거나 지나치게 통제하면서 엄마의 불안을 자녀에게 투사한다. 이럴 때 자녀가 보이는 반응에는 두 가지가 있다. 순응하거나 반발하는 것이다. 엄마의 지나친 불안과 두려움에서 기인된 과보호와 지나친 돌봄을 사랑이라고 착각하며 살아간다. 이런 경우 자녀는 엄마로부터 분리와 독립을 이루지 못하고 자녀의 자아분화는 낮아진다. 종종 자녀 중에 아동기에는 엄마의 불안으로 인한 행동에 순응하다가 사춘기가 되면서 반발하고 삐딱한 행동을 하기도 한다. 자녀는 엄마로부터 달아나려는 것이 아니라 엄마가 갖고 있는 지나친 불안으로부터 벗어나고 싶은 것이다. 그러나 자녀의 일탈 행동은 엄마를 더욱 불안하게 만들며 공황 상태에 빠지게 한다. 엄마의 불안이 심해질수록 자녀에 대한 집착도 강해진다. 여기서 자녀와 부모 사이에 극단적인 행동이 나오기도 한다. 종종 어떤 엄마는 자녀를 다시 통제하려고 자녀 앞에서 자살을 시도하기도 하고, 자녀를 정신병원에 억지로 수감시키기도 한다. 자신의 불안과 두려움을 피하기 위해 통제되지 않는 자녀로 만들어 자녀를 파괴하려 드는 것이다.

## 긴장과 갈등을 푸는 열쇠는
## 나 자신에게 있다

불행한 부부관계와 힘든 자녀관계를 푸는 열쇠는 상대방에게 있지 않다. 남편이, 아내가, 자녀가 변화하는 것이 해결책이 아니다. 부부 사이나 부모 자녀 간에 생기는 긴장과 갈등을 푸는 열쇠는 다름 아닌 나 자신에게 있다. 자아분화가 높아지면 가족관계 안에서 더 유연하고 융통성 있게 행동할 수 있으며 스트레스를 잘 조절하고 풀 수 있다.

그러나 자아분화가 하루아침에 높아지지 않는다. 그렇다고 자아분화가 고정적이거나 변화하지 않는 것도 아니다. 어린 시절 부모와의 관계에서 만들어진 자아분화를 성인이 된 지금 변화시키기 위해서는 자기 자신과 타인에 대한 공감이 필요하다. 스트레스에 대해 즉시 감정적으로 대응하지 않고 먼저 자신의 감정을 인식하고 불안감을 안겨 준 상대방의 입장에 서서 생각하고 대응한다. 일상 속에서 뜻하지 않게 찾아온 위기와 스트레스에 대해 무의식적으로, 감정적으로 대응하기보다 한 번 더 생각하려고 애를 쓴다. 어릴 적 가정에서 형성된 낮은 자아분화 탓에 이렇게 노력을 해도 변화가 쉽게 생기지는 않을 수 있다. 그러나 지금 느끼는 불안과 분노가 외부 요인 때문이 아니라 자기 내면에서 기인한 것임을 한 번 더 생각하면서 조금은 덜 감정적으로 대응해야 변화가 생긴다. 이것이 낮은 자아분화를 보완하는 방법이다. 여기에 익숙해질수록 후회하는 일도 줄어들 것이다.

# 26장

# 가족으로
# 산다는
# 것

예전에는 대여섯 명의 자녀가 이야깃거리도 아니었는데 요즘에는 많지도 않은 아이들을 키우는 일이 여간 힘든 게 아니다. 우리 집만 해도 달랑 아들 하나이지만 나와 아내는 아들 키우기가 늘 조심스럽고 어렵다.

부모가 맞벌이를 하기 때문에 우리 아들은 언제나 부모와 함께하는 시간이 부족하다. 그래서 아이는 주말만 기다리며 산다. 어느 주말 아들은 패밀리 레스토랑에 가자고 졸랐다. 우리 부부는 모처럼 맞은 휴일을 사람 붐비는 곳에서 보내고 싶지 않았지만 아이가 원하니 어쩔 수 없이 그러자고 했다. 집에서 가까운 패밀리 레스토랑까지 걸어서 가면 족히 40분은 걸리는데, 아이는 차를 타는 대신 걸어서 가잔다. 자전거를 타고 싶기 때문이다. 결국 우리는 걷고 아이는 자전거를 타고 나섰다.

음식을 먹고 집으로 오는데 이번에는 집 근처 슈퍼에서 과자를 사 달라고 떼를 쓴다. 금방 배불리 식사를 했는데 웬 과자냐며 그냥 집에 가자고 했지만 막무가내다. 이런 식으로 주말 내내 아이의 요구는 계속되었고 우리 부부는 한편으로는 아이와 함께 시간을 보내는 게 달가우면서도 주말이 끝나갈 즈음엔 서서히 지쳐 갔다. 엄마 미소, 아빠 미소로 흐뭇하게 늦둥이를 바라보는 '아들 바보'가 되기는 쉽지만 '좋은 부모' 역할은 녹록하지 않다. 좋은 부모는 아이에게 거절과 좌절을 적절히 경험시켜야 하기 때문이다.

프로이트는 우리 인간을 '만족할 줄 모르는 존재'라고 표현했다. 아무리 헌신적인 부모라도 수시로 바뀌는 아이의 욕구를 다 들어줄 수는 없다. 요즘 부쩍 많은 아이들이 다양한 문제를 갖고 있으며 분명히 과거 세대보다 문제를 일으키는 빈도가 늘어났다. 주의력결핍과잉행동장애ADHD를 가진 아이들은 과거 세대보다 몇 배나 증가하였으며 사회성 부족으로 학교 생활에 적응하지 못하는 학생들도 늘어나는 추세이다. 아동상담과 놀이 치료를 담당하는 기관에는 수많은 아이들로 넘쳐 난다. 상담이라도 받으려면 예약을 하고 대기자 목록에 이름을 올린 뒤 한참을 기다려야 한다.

## 편한 것만 찾으려는 아이들

1973년 의학과 생리학 부문 노벨상을 수상한 오스트리아 석학 콘라트 로렌츠*Konrad Zacharias Lorenz*는 즉각적으로 만족을 얻으려는 태도가 현대 사회의 죄악 가운데 하나라고 설파한 바 있다. 사회가 점차 편리해지면서 즉각적인 만족*sofort befriedigung*은 보편적 욕망이 되었다. 사람들은 즐거움에 광적으로 매달리는 반면 괴로움은 어떻게든 피하려고 한다. 문제는 괴로움을 기피하다 보니 진정한 즐거움인 희열을 맛보지 못한다는 것이다. 희열은 오르기 힘든 산의 정상에 오른 자만이 얻을 수 있는 기쁨이다. 부단한 고통과 어려움을 통과했을 때 비로소 맛볼 수 있는 즐거움이 곧 희열이다.

산이 높아야 골도 깊은 법인데 괴로운 일은 피하려고만 하니, 어려운 일을 극복한 뒤에 오는 기쁨을 접하지 못해 인생에 지루함과 무미건조함만 남는다. 그런데 사람들은 지루함과 무미건조함 또한 좋아하지 않는다. 무미건조한 일상을 피하려면 새로운 자극이 필요하다. 이로부터 새로운 것에 대한 광적인 편애증이 생겨난다.

요즘이야 미국도 코로나19 사태 이후 좀처럼 경기 침체를

벗어나지 못하면서 문화가 상당히 바뀌었겠지만, 내가 미국에
있을 때만 해도 중산층 가정들은 이사를 갈 때면 사용하던 가구
를 모두 처분해 버리는 일이 다반사였다. 집을 바꾸면서 가구도
완전히 새로 개비하는 것이다. 가구가 낡아서가 아니라 단지 새
로운 물건에 대한 탐닉 때문이다. 이런 생활상을 보면서 로렌츠
는 경제의 기본 메커니즘인 생산과 소비의 순환 구조가 위기에
직면할 것을 예견했다. 새로운 것에 대한 욕망과 열광은 사치
풍조로 이어져 미국 등 서구 국가의 경쟁력을 상실하게 만들 것
이며 비교적 사치에 덜 물든 건강한 동양의 나라들이 부상할 것
이라고 분석했다. 영미권 국가가 크게 위축되는 반면 중국, 인
도와 동남아 국가들이 약진하는 작금의 세계 경제는 로렌츠의
분석을 상당 부분 입증하고 있다.

즉각적인 만족, 새로운 것에 대한 광적인 열풍, 약간의 괴로
움도 피하려는 삶의 자세는 우리 아이들 세대에 수소 신드롬
*Null-Bock Syndrom*을 심어 놓았다. 수소 신드롬은 독일어권에서
만들어진 개념으로 즉각적인 만족을 얻으려는 세대를 일컫는
다. 즉 부모나 일반적인 사회 규율에 별 주의를 기울이지 않고
책임감도 없이 불안정하며 매사에 무관심한 세대를 말한다. 이
들은 책임감과 의무감에는 심드렁하고 자신의 즉각적인 욕구

에만 눈을 반짝인다. 전문가들은 우리나라 아동, 청소년의 약 30퍼센트 가까운 아이들이 상담이 필요할 정도라고 본다. 요즘 주위의 교사들로부터 이전과 다른 '새로운 아이들'이 출현했다는 말을 종종 듣는다.

새로운 아이들의 요체는 이렇다. 이 아이들은 다른 사람의 지시를 전혀 따르지 않는다. 교사가 똑같은 지시를 여러 번 반복해야 겨우 자신들에게 요구하는 것을 파악하고 마지못해 지시에 따르는 척할 뿐이다. 이 아이들은 흥미 없는 일에는 전혀 관심을 보이지 않고 기분이 나빠지면 바로 툴툴거릴 뿐만 아니라 심지어는 교사가 보고 있어도 물건을 집어 던지기까지 한다. 이들에게 힘들고 괴로운 일은 기피 대상일 뿐이다. 아이들은 쉽게 되지 않으면 즉시 포기한다. 이 '새로운 아이들'은 즉각적인 만족을 주는 게임 활동 외에는 오랫동안 무언가에 몰두해 어떤 일을 성취하고자 노력하는 모습을 찾아보기 어렵다. 교육 전문가들은 점점 이런 '새로운 아이들'이 증가하는 추세에서 기존의 학교 교육 방식은 이미 한계에 왔다고도 말한다. 이런 아이들이 앞으로 선택할 인생길은 가능한 한 가장 편하고 괴로움을 면하는 경로일 것이다.

이미 이러한 풍조는 20대 이상으로까지 번지고 있다. 아무런 활동을 하지 않고 집에 틀어박혀 지내는 20~30대가 늘어나고 있다. 일본에서는 이런 은둔형 외톨이의 숫자를 많게는 100만 명까지 예상한다. 이들은 캥거루처럼 부모에게 의존하며 매사에 무관심하고 조금이라도 불편하고 괴로운 일은 피하면서 자기만의 작은 세계 속에 고치를 틀고 산다.

에리히 프롬이 말한 "문제아 뒤에는 문제 부모가 있다"라는 말은 아주 뼈아프게 다가온다. '새로운 아이들'은 물론 급격하게 변하는 현대 사회 체제와 밀접한 관계가 있다. 현기증 날 정도의 빠른 변화, 풍부한 소비 생활, 욕망을 부추기는 광고와 매체들 등 많은 요인들이 구조적으로 작용하고 있다. 그렇지만 모든 아이들이 '새로운 아이들'이 되거나 수소 신드롬에 빠지는 것은 아니다. 가정의 역할에서 그 돌파구를 찾아야 한다.

## 세상을 향해 나아갈 힘을 주는 곳

발달심리학자들과 사회심리학자들은 한 인간의 성장 과정에서 '욕구 충족의 유예'를 매우 중요한 과제로 평가한다. 눈앞의 욕구를 낭상 충족하는 네 급급하지 않고 다음에 있을 보상과 결과를 위해 미룰 수 있는 능력을 말한다. 이를 잘 돕기 위해서 부모는 서로 모순된 두 가지 역할을 수행해야 한다. 어떤 때는 아이의 욕구를 즉각적으로 충족시켜 주어야 하지만 동시에 아이의 자아 기능의 발달에 대해서도 고려해야 하는 것이다. 여기에는 아이가 원하는 것을 바로 들어주지 않고 잠시 연기한다거나 때로는 단호하게 거절하는 일도 포함된다.

거부의 경험은 아이에게 몹시 고통스러운 아픔이다. 따라서 부모는 아이가 원하는 것을 거부할 때는 평소보다 사랑과 관심을 더 많이 주어야 한다. 그러면 아이는 자기 자신이 아니라 단지 자기가 원한 어떤 대상이 거부당했을 뿐임을 깨닫는다. 이를 통해 아이는 당장은 자신이 원하는 것을 얻을 수 없지만 조금 참고 기다리면 다른 형태로 더 크게 충족될 수 있음을 배운다. 공부 또한 당장의 욕구를 참아내고 더 많은 만족감과 성공을 기대할 수 있어야 잘할 수 있다. 이러한 과정에서 아이는 다른 사람과 더불어 살아갈 때 필요한 사회성이 형성되며 특히 자아존중감이 발달한다. 부모의 적절한 양육 과정에서 길러진 욕구 통제 능력은 아이가 인생을 살면서 부딪히는 수많은 문제와 위기를 극복하고, 삶의 지루함과 무미건조함을 다스릴 수 있는 힘이 된다. 좌절 없이는 성취가 없는 법이다.

자신의 즉각적인 욕구를 누르고 통제하는 능력은 결국 부모가 아이를 적절하게 좌절시키는 훈련 속에서 만들어지는 셈이다. 물론 지나치면 역효과가 난다. 지나친 좌절은 아이에게 만족에 대한 결핍감과 허기를 불러일으켜 아이가 탐욕적인 욕구 추구에 빠져들 수 있다. 그러나 요즘 아이들은 좌절의 경험이 너무 적다. 이리나 프레코프는 수많은 어린이들이 좌절을 겪지 않는 교육으로 인해 불행한 노이로제 환자가 되어 간다고 말한다. 매사에 무관심하지만 즉석 만족과 즉흥적인 충동에 익숙한 아이들을 위한 치료법이 많이 개발되고 있는데, 치료법의 근간을 이루는 것은 적정한 수준의 괴로움이다.

독일에서는 권태로운 청소년들에 대한 치료법의 일종으로 해양 구조 훈련을 시키기도 한다. 물에 빠진 사람을 구조하는 일이 청소년의 일상과 무슨 관련이 있는지 의아하겠지만 의외로 상당한 효과를 나타낸다. 극한 상황에서 마주치는 삶의 진지함은 자아가 허약한 아이들에게 자극과 치료제가 된다. 한국에는 해병대 극기 훈련 과정 등이 이와 유사하다고 볼 수 있다. 최근 일본에서는 청소년 치료 과정으로 승마 학교가 인기를 끌고 있다. 해병대나 해양 구조보다는 좀 더 세련된 형태의 괴로움을 경험하는 곳이다. 매우 비싼 비용에도 불구하고 수많은 대기자들이 줄을 서고 있다고 한다. 이곳에 입교한 청소년들은 승마장에서 각자 개인 말을 배정받는다. 말의 훈련과 청소 그리고 관리까지 책임을 맡는 것이다. 도시의 깔끔한 환경에 익숙한 아이들이 냄새나는 말똥을 치우고 마구간에 건초를 깔아주기란 쉬운 일이 아니지만, 작업을 하는 동안 아이들은 동물과 교감을 하면서 정서적 안정, 책임감과 의무감을 배운다. 아이들은 괴로움을 통해 삶의 의미를 발견하고 고통을 참아낸 뒤의 희열을 경험하면서 변화해 나간다.

인생은 고해苦海라고들 말한다. 비관적으로 말하자면 우리의 삶은 내내 고통의 바다를 지나다가 어쩌다 한 번씩 허리를 펴고 숨을 쉴 수 있는 섬을 만나는 것일지도 모른다. 너무나 크고 긴 괴로움은 우리의 삶을 파괴시키지만 약간의 긴장과 괴로움은 우리에게 각성을 주고 도전해 볼 마음, 그리고 고생 뒤에 찾아오는 진정한 만족의 가치를 일깨운다. 자아가 형성되는 유소년 및 청소년기의 아이들에게 이런 경험은 더욱 절실하다. 가족의 화목과 행복 역시 마찬가지다. 작은 좌절과 고통을 달갑게 받아들여야 한다.

쉽게 저절로 얻어지는 평화나 기쁨, 행복은 없다. 우리가 돈을 지불하고 서비스를 받을 때는 마냥 편한 것을 원할지도 모르나 건강한 가족을 꾸려가기 위해서는 욕구의 유예, 고통과 불편함의 인내 모두가 필요하다. 가정은 단지 서로를 보듬어 주는 최후의 보루이자 따뜻한 둥지이기만 해서는 안 된다. 언젠가 둥지를 떠나 세상을 향해 날갯짓 할 힘을 길러 주는 곳 역시 우리의 가정이다. 그리고 그런 관계가 가족이다.

# 노력하는 만큼
# 행복해지는 가족

올해 초등학교 3학년인 아들은 아마도 세상에서 나를 가장 무시하는 사람일 것이다. 아빠의 말을 전혀 들으려 하지 않는 아들을 보며 순간 화가 나서 아내에게 쏘아붙였다.

"엄마가 아동상담 교수라며…" 이때 아내도 내게 응수했다. "당신, 다른 데에서만 가족상담을 하지 말고 우리 집에서도 좀 하지." 이 말을 듣는 순간 나는 바로 꼬리를 내렸다.

지금까지 여러 가족을 상담해 왔지만 정작 나조차도 행복한 가족을 만들고 있지 못하다. 매일 노력하고 애쓰는 중이다.

서로 사랑해서 결혼을 약속한 연인들 모두 장밋빛 미래를 그리지만 현실은 결코 녹록치 않다. 사랑해서 결혼했건만 갈등이 생기고 상처를 남기고 깊은 외로움에 빠지기도 한다. 아이가 태어나면 관계는 더 복잡해지고 갈등 요인도 훨씬 다양해진다.

살다 보면 누구나 문제에 부딪칠 때가 있다. 문제에 정확히 직면하지 못하면 작고 사소했던 사안이 나중에는 걷잡을 수 없이 커지기도 하는데 특히 가족 문제가 그러하다. 가족의 갈등을 대수롭지 않게 여겨 고통의 시간이 한없이 늘어나거나 엄연한 갈등을 없는 것처럼 회피하여 치유할 기회를 놓치는 경우도 숱하게 보았다. 가족에게 갈등이 있다면, 그 원인은 어디에서 왔으며 어떻게 해결해야 할지를 아는 것이 문제를 푸는 열쇠이다.

사랑을 표현하거나 나눌 여유가 없는 부모를 가진 아이는 아무것도 해 주지 못하는 부모에 대해 슬프거나 외롭거나 화가 나지만 어떻게 해결할 방법이 없다. 아이는 살아남기 위해 자기의 감정을 억압하고, 부모에 대한 기대감을 낮춘 채 스스로 모든 일을 알아서 함으로써 생존한다.

이제 성인이 된 아이는 어릴 때처럼 감정을 억압하고 살 필요가 없음에도 불구하고 여전히 어린 시절의 모습으로 살아간다. 힘이 없고 선택의 여지가 없던 어린 시절에 취했던 생존전략을 버리지 못하고 여전히 고수한다. 배우자와 정서적으로 관계를 맺지 못하고 따뜻한 관심과 사랑을 표현할 줄 모르는 사람을 보며 배우자는 실망한다. 자신이 부모에게 당한 그대로를 자녀에게 돌려주기 때문에 자신의 아이들도 깊은 상처를 받고 자란다.

어린 시절에 무슨 일이 일어났는지 모르고 그 일이 지금 우리의 생각, 감정, 행동에 어떤 영향을 미치는지 모르는 사람은 사막에서 물을 구하려는 것과 다를 바 없다. 서로가 갖고 있는 결핍과 아픔이 있지만 들여다보지 못함으로써 충돌이 생긴다. 상담을 통해 남편이 도저히 사랑을 줄 수 없는 사막과 같은 사람이라는 실체를 인정하면서 부부관계에 변화가 찾아온다. 더 이상 남편을 바꾸기 위해 애쓰지 않고, 조화롭게 살 수 있는 방법을 찾게 된다. 이러한 변화는 극적인 반전이다. 그동안 남편의 사랑을 바라고 수동적으로 기다리기만 했다면 이제 남편이 자기를 바라보게 구체적으로 애를 쓰고 그 결과를 얻을 수 있다. 아내는 남편이 늘 바라는 인정과 칭찬을 해 준다. 그동안 남편이 원한다는 것을 알았지만 속상해서 비난하고 인정하지 않던 자세를 바꾸어 남편을 달래 준다. 각자가 어린 시절의 나를 돌아보는 데서부터 가족관계에 변화가 생기기 시작한다.

이제까지 살펴본 가족 이야기를 마치며 나의 가족을 돌아다본다. 나는 아내와 대학원을 다닐 때 만나 7개월 만에 결혼하였다. 유학생활 도중에 우리에게는 소중한 아들이 태어났고 그 아이는 우리 부부의 보물이다. 때로는 가족 안에서 사소한 것으로 싸우고 우울해하지만 가족이 있기에 세상에 맞설 힘과 용기를 얻는다. 가장 힘든 고통과 아픔을 주는 사람들 또한 가족이지만 우리는 함께 살 수 있다. 가족은 쉽게 얻을 수 있는 것이 아니고 끊임없이 노력하고 참고 배우며 알아가야 할 사람들이니까. 우리 삶에서 가장 의미 있는 노력일 것이다. "왜, 가족이니까."

# 개정판 후기

《가족의 두 얼굴》이 출간된 지 어느덧 10년이 흘렀다. 이 책을 출간했을 때 초등학교 저학년이던 아들이 지금 고등학교를 졸업하고 원하는 대학을 다시 한번 도전하겠다며 재수를 하고 있다. 40대 초반에 책을 집필했는데 이제 50대 중반이니 책을 출판할 때와 지금의 나도 많이 달라진 셈이다.

이 책을 쓰기 전에 나는 독일에서 귀국하여 대학 강단에서 가족심리학을 강의하고 있었다. 당시 학생들에게 가족심리학은 생소한 분야였기에 학생들이 이해하기 쉽도록 상담 자료를 수집하고 강의안을 만들었다. 또한 가족 문제로 고통받는 분들을 대상으로 심리 상담을 병행하면서 한국 가족의 문제 패턴을 조금씩 알아가게 되었다. 어느 정도 경험이 쌓이자 이러한 작업을 대중들에게 알리고 싶은 열망이 생겼고, 마침 독일에서 함께 유학 생활을 했던 현 국립과천과학관 이정모 관장의 추천과 격려로 그동안의 강의안과 자료를 묶어 출판을 할 수 있었다.

《가족의 두 얼굴》이 출간되고 나서 분에 넘치도록 많은 독자의 관심과 사랑을 받았다. 책이 베스트셀러 코너에 놓여 있는 모습을 봐도 실감이 나지 않았고, 2013년 부산시민도서관에서 올해의 책으로 선정되면서 나에게는 전혀 낯선 단어인 작가라는 말도 듣게 되었다. 가족심리 전문가로서의 내 삶이 이 책을 전후로 완전히 바뀐 셈이다.

가족심리학 역시 자연스럽게 하나의 심리학 영역으로 자리 잡은 모양이다. 책에서 다룬 '가족 희생양' 개념은 당시만 하더라도 소수의 전문가만 알던 개념이었는데 이젠 TV 드라마에서 확인할 수 있을 정도로 대중에게 익숙한 개념이 되었다. 예전에는 가족 내부에 갈등이 생기면 부끄러워하고 숨기는 데 급급하였다면 최근에는 가족의 갈등을 자연스럽게 받아들이고 적극적으로 도움을 요청하는 분위기가 확산되는 것 같다. 이러한 분위기는 가족심리학자로서 대단히 반가운 현상이다. 사실 자기 가족에게는 어떤 문제도 없다는 말을 하는 사람을 보면 오히려 더 염려스럽고 걱정이 된다. 우리가 사는 사회와 마찬가지로 가족 역시 언제나 화목하지는 않기 때문이다. 이러한 사실을 받아들일 수 있다면 가족의 갈등은 오히려 화목한 가족을 이루는 계기가 될 수 있다.

가족은 더 이상 화목하고 단란한 스위트홈의 이미지만을 갖고 있지 않다. 가족은 우리에게 치명적인 상처를 주기도 한다. 책 제목에서도 드러나듯이 《가족의 두 얼굴》은 이러한 가족의 양가적인 모습을 다루고 있다. 내가 가장 소중하게 여기며 사랑하는 대상이 동시에 세상에서 가장 미워하고 분노하는 대상일 수도 있다. 이러한 양가성이 우리에게 극도의 스트레스를 안겨 준다. 사랑하지만 미워하는 이러한 양가적 감정에서 발생하는 대극성對極性이 우리 내면에 커다란 긴장과 갈등을 유발하는 것이다.

우리의 내면은 이러한 대극성을 견디지 못하고 서로 통합하기를 원한다. 그러기 위해서는 미워하고 분노하는 감정과 사랑하고 아끼는 감정이 어떤 식으로든 조화를 이루어야 한다. 이것은 내면적 차원을 넘어서 관계적 차원으로 이어진다. 관계의 회복이 있어야 대극성의 통합이 일어나기 때문이다.

관계의 회복이 일어나려면 역설적이지만 나 자신의 변화가 필요하다. 그 변화는 그동안 가족 문제를 바라보던 나의 시선과 생각들을 타인의 시신으로 바라볼 때 일어난다. 거리를 두고 문제를 바라보면 미처 보지 못했던, 알고는 있었으나 제대로 인식하지 못했던 문제에 대해 새로운 시각을 얻게 된다. 고대 그리스의 격언대로 "네가 가지고 있는 것을 버려라. 그러면 받으리라"가 일어나는 것이다.

《가족의 두 얼굴》은 가족의 양가적인 측면을 설명해 주고 이를 통해 자신이 느끼는 혼란스러운 감정과 생각들이 어디서 비롯되었는지를 알게 해 주는 책이다. 문제가 무엇인지 알기 위해서는 문제를 똑바로 보는 직면의 과정이 필요하다. 직면은 지극히 고통스러운 일이다. 부모가 나를 사랑하지 않았다는 사실을 어떻게 쉽게 직면할 수 있겠는가? 직면을 하려면 자신과 함께 동행해 줄 전문가가 필요하다. 이 책에는 여러 상담 사례뿐 아니라 저자가 가족에게서 받았던 상처들과 이를 극복하기 위해 고민했던 흔적들도 담겨 있다. 가족심리학의 개념과 용어를 빌려 나 역시도 나를 알아가는 직면의 고통을 겪었던 것이다. 아무쪼록 이 책이 가족 문제를 풀기 위해 고통스러운 직면의 시간을 겪고 있는 독자분에게 미력하나마 함께 동행할 수 있는 가이드북이 되기를 바란다.

# 독자의 말

해결해야 할 문제가 있는 가족도, 그런 문제가 없다고 믿는 가족도, 원가족으로부터 독립하여 홀로 지내는 사람도, 새로운 가족을 이제 막 꾸리는 사람도 읽어 볼 만한 책이다. - 수*

읽다 보면 신기하게도 마음이 편안해지고 나를 좀 더 객관적으로 바라보게 된다. 최근에 읽은 심리학 책들 중에서 가장 흥미로웠다. - l*******

책에 소개된 가족 간의 사례를 보면서, 나만 가족 문제를 겪고 있는 건 아니라는 사실을 알게 되었다. 그리고 나는 내 아이들을 얼마큼 인정해 주었는지를 곰곰이 생각하게 되었다. - 가***

가족과 개인의 내면을 살펴볼 수 있는 좋은 책이다. 저자에 따르면 가족은 노력한 만큼 행복해질 수 있다. 상처 입은 모든 가족들에게 권하고 싶다 - 츠*

책을 읽으면서 자주 울었고, 내 속에 상처 받은 내면아이와 마주하는 것이 많이 힘들었다. 그래도 독서를 마친 후에는 마음이 훨씬 가벼워졌고, 상처를 치유하기 위해서는 어떤 노력을 해야 하는지 구체적으로 알 수 있었다.
  - 준**

사랑하지만 상처도 주고받는 가족. 모든 인간관계의 기본은 가족이고 그 중심에는 부부가 있다. 부부관계를 기초로 자녀의 인성이 만들어진다고 하니 부모로서 책임이 얼마나 중요한지 통감할 수 있었다. - 작***

가족이야말로 더욱 배려하고 조심해야 하는 관계라는 것을 이 책을 통해서 다시 한번 깨달을 수 있었다. 가족 때문에 상처 받은 기억이 있는 사람이라면 누구나 크게 공감할 만한 이야기들로 가득하다. - 무*

짐이 되기도 하고 위안이 되기도 하는 가족에 대해 저자의 경험과 다양한 임상 사례를 통해 살펴보는 책이다. 한번 읽어 보는 것만으로도 많은 이해와 위로를 얻을 수 있었다. - 다***

한국에서 흔히 만날 수 있는 평범한 가족 이야기라 흥미롭게 읽었다. 무엇이 문제인지, 왜 그러한 유형의 가족이 괴로운지 이유를 알기 쉽게 설명해주어서 지루하지 않게 읽은 심리학 책이다. - 송*

책을 다 읽고 딸아이를 불러 두 시간이 넘게 이야기를 했습니다. 부끄러운 내 모습과 아이가 감당하기 힘들었을 상처들… 저는 딸아이를 꼭 안고 사과 했습니다. - 하***

서로 사랑하는 가족인데 '왜 자꾸 상처를 주게 되지?' '나는 왜 자꾸 가족에게 상처를 받지?' '가족과 함께 있는데 왜 이렇게 외롭지?' '왜 부모님은 내 마음을 몰라 주지?'라는 의문이 든다면 이 책을 읽어 보길 바란다. - 이*******

감정적으로 볼 수 있는 가족 간의 문제를 이성적이고 논리적으로 설명해 주어서 다소 딱딱한 사고방식을 가진 저도 자연스럽게 받아들일 수 있었습니다. - g*********

책을 구입한 지 한 달이 안 된 것 같은데 벌써 세 번을 읽었습니다. 그동안 잊고 지냈던 많은 것을 다시 떠올릴 수 있었습니다. 결국은 다시 만나야 하는 일이었던 것 같습니다. 고마운 책입니다. - d****

가족이기에 더욱 지켜야 하는 것들, 가족이기에 더욱 주의하고 삼가야 하는 것들, 그리고 그래야 하는 이유를 차근차근 차분하게 말해 주는 책이다. - n*****

가족의 두 얼굴

서로에게 상처를 주고받는 가족이 너무 미워서 이 책을 읽기 시작했다. 많은 도움이 되었고, 지금은 서로를 이해하고 많이 안아 주고 있다. - y******

이 책을 읽고 나니 남편도, 아이도 더 이해가 되는 것 같다. 그리고 아이를 잘 키우기 위해서는 내 행동 하나하나가 중요하다는 생각도 하게 되었다. - 양*****

마음이 아프다. 아니, 저려 온다. 저자가 내 마음을 어찌 이리 잘 알지? 눈물이 줄줄 난다. 그런데 마음 한켠에서는 희망이 솟아나는 것 같다. - 달*

안타깝고, 눈물 나고, 그러면서도 후련함을 느끼게 해 준 책이다. 가족들에게 좀 더 따뜻한 시선, 좀 더 따뜻한 말을 전하도록 노력해야겠다. - 그**